Le livre (très) noir des mutuelles

Daniel Rosenweg

Le livre (très) noir des mutuelles

Et pourquoi il faut s'en passer

Albin Michel

À Gaëtane, ma femme si patiente,
qui a su prendre le temps
de m'écouter, me soutenir.

À Roxane, ma fille de 11 ans
que j'ai privée de ma présence
pour écrire ce livre. À Alexandra
et Clément, mes grands enfants
toujours chaleureusement présents.

À Jean-Paul Hamon,
médecin hors norme, passionné
et passionnant, qui m'a poussé,
un jour de 2014, à écrire.

À tous les assurés
victimes d'iniquités.

À tous ceux que j'ai sollicités
pour ce livre
et qui ne m'ont pas répondu.

Avant-propos

Pendant douze ans, en tant que journaliste au *Parisien – Aujourd'hui en France*, j'ai couvert l'information touchant à l'économie de la santé. C'est-à-dire tout ce qui concerne l'organisation de notre système de soins. Un sujet passionnant devenu très inquiétant au fil des ans. Comment rester indifférent quand on voit des ménages modestes devoir renoncer à des soins alors que les organismes censés les accompagner vers ces soins dérivent sur le plan éthique et tarifaire ? Ce serait n'importe quel autre secteur, il n'y aurait rien à dire ; nous sommes en économie libérale après tout. Mais là, il s'agit de la santé, de notre santé. Il s'agit aussi du dévoiement d'une délégation de service public, en fait une rente de situation impliquant une obligation de bons résultats. Or, on n'en est plus là. Et ça bouge, les prémices d'un changement profond sont perceptibles et tout le monde s'y met : Cour des comptes,

Haut Conseil pour l'avenir de l'assurance maladie, ministère de la Santé… semblent organiser un changement d'ère !

Durant douze ans, j'ai ainsi assisté aux effets de manche de nos gouvernants assurant s'inquiéter de la montée du reste à charge des patients, tout en complexifiant notre système d'assurance complémentaire en lui imposant taxes, planchers et plafonds de remboursements…

J'ai vu les mêmes gouvernements défaillants s'affairer à corriger par la loi les conséquences prévisibles de leurs errements législatifs, créant une couverture maladie universelle pour les exclus des mutuelles devenues trop chères…

J'ai vu disparaître la liberté de choisir sa mutuelle avec la réforme généralisant les contrats santé en entreprise.

Mais j'ai aussi vu ces acteurs historiques et précurseurs de l'assurance santé, qui – reconnaissons-le – remplissent plutôt bien leur mission protectrice, perdre leur âme sans résister sous les assauts de la concurrence, d'un secteur privé appâté par le gâteau de la santé que la loi Évin lui a servi sur un plateau, à son insu.

J'ai vu les mutuelles renier le principe fondateur de solidarité intergénérationnelle et céder au calcul plus rentable du risque individuel.

Je les ai vues augmenter année après année

les cotisations bien au-delà de l'inflation et du raisonnable, sans jamais remettre en cause leur gestion dispendieuse et train de vie luxueux.

Je les ai observées financer des actions sans rapport avec leur vocation sociale et sanitaire : immobiliers, sponsoring, lobbying, publicité assommante, fonds d'aide aux start-up, fondations pour aider Dieu sait qui… Sans oublier de s'offrir de somptueux sièges sociaux et de se constituer un trésor de guerre insoupçonné.

Je les ai vues prospérer égoïstement pendant que le trou de la Sécu se creusait profondément sous la pression continue du Covid-19.

Je les ai vues accroître leur pouvoir par la communication, le lobbying et le mensonge, jusqu'à écrire des propositions de lois…

Et je continue de voir leurs frais de gestion croître scandaleusement pour flirter avec les 8 milliards d'euros en 2020, alimentant la flambée des tarifs et les renoncements aux soins.

Est-ce cela que l'on attend des mutuelles du secteur santé ? Esprit mutualiste, qu'es-tu devenu ?

Toutes les mutuelles sont-elles perdues ? Il en reste qui font bien leur travail, mais pour combien de temps encore, avant que les gros ne les dévorent ? L'heure n'est plus au tri.

Je les entends, pour se défendre, dire, à juste titre, qu'en France les patients ont le reste à charge le plus faible d'Europe. Mais à quels tarifs ? Et à quel prix ?

In fine, beaucoup de choses se sont dégradées et le chacun pour soi s'est généralisé. Seuls restent les beaux discours dans des plaquettes en papier glacé. Ces dernières années, le mécontentement a fini par se manifester, et sous sa pression les autorités ont enclenché des changements, sur-encadrant encore les pratiques des mutuelles. Mais les fondations sont désormais pourries. Même la démocratie y est travestie.

En avril 2022, les Français élisent leur nouveau président puis, en juin, leurs représentants à l'Assemblée nationale. L'occasion inespérée de s'interroger enfin sur l'évolution d'un système de santé qui a montré toutes ses fragilités et défaillances quand a surgi la pandémie de Covid-19. Cette double consultation nationale doit être, plus que les précédentes, l'occasion de poser sur la table un vrai projet « santé », cohérent, juste et équitable, efficace et réellement solidaire. Un projet qui rende à notre « Sécu » son aura et son efficience d'antan tout en éradiquant le renoncement aux soins.

Au-delà d'un bilan consternant et du cri de colère contre les héritiers qui ont laissé faire, ce livre ambitionne de contribuer à ce débat national inévitable, sous un angle politiquement incorrect : la légitimité des complémentaires santé, leur efficience, leur perdurance. 2022 doit être l'occasion de s'interroger : va-t-on ajouter encore des pansements aux pansements pour sans cesse corriger notre système, ou va-t-on couper les membres abîmés pour repartir sur des bases salutaires ?

Je sais que le propos va choquer, mais si on y réfléchit bien, c'est une évidence : les complémentaires santé ne sont plus ni rentables, ni indispensables. Elles ne sont là que parce que l'Assurance maladie obligatoire ne joue plus pleinement son rôle, qu'elle n'a cessé de déléguer la prise en charge de soins à ces organismes longtemps dociles et dorénavant jaloux de leurs privilèges et parts de marché, même si certains tentent encore de garder le cap de la vertu.

Des solutions alternatives existent, simples, indolores et beaucoup plus équitables. Elles sont là, à portée de volonté. Avec la promesse de dégager 10 milliards d'euros de marges de manœuvre chaque année !

Et si on demandait leur avis aux Français avant toute nouvelle réforme ?... Et si c'était l'occasion d'un référendum ?

Voici donc pourquoi et comment il faut maintenant en finir avec les mutuelles et autres acteurs de l'assurance santé.

DATES CLÉS

– **1780**, apparition des premières « caisses de secours mutuels », autogérées, basées sur l'égalité de tous en matière de cotisations et d'accès aux soins.
– **1945**, création de la Sécurité sociale. Une petite place est laissée aux mutuelles historiques qui avaient bien œuvré jusque-là.
– **1956**, les assureurs privés sont autorisés à intervenir sur le marché de l'assurance santé collective, monopole des mutuelles.
– **1970-1980**, création de centres de soins mutualistes qui inaugurent le tiers payant.
– **1982**, les mesures d'économies tombent : le remboursement de 1279 médicaments passe de 70 à 35 % et le « forfait journalier hospitalier » voit le jour.
– **1980-1990**, l'assurance privée qui avait boudé le secteur de la santé lance les premiers contrats à tarif basé sur l'âge. Rupture du principe de solidarité entre les générations.
– **1989**, satisfaisant aux demandes des mutuelles, la loi Évin, qui protège mieux les assurés, place à la demande la Mutualité sur un pied d'égalité mutuelles, institutions de prévoyance et compagnies d'assurance privées, toutes autorisées à vendre des contrats individuels santé. Les mutuelles pensaient ainsi accaparer tout le marché.

– **1996,** expérimentation des réseaux de soins par les mutuelles.
– **1999**, création de la Couverture maladie universelle complémentaire.
– **2001**, nouveau code de la Mutualité qui interdit la sélection sur critère médical et l'individualisation des conditions de remboursement.
– **2013**, signature de l'ANI (Accord national interprofessionnel) qui prévoit de généraliser les contrats santé en entreprises en 2016.
– **8 août 2014**, la loi instaure les contrats « responsables » qui limitent les remboursements, organise le parcours de soins…
– **1er janvier 2016**, tout salarié du secteur privé doit adhérer à l'assurance santé proposée et cofinancée par son employeur.
– **Janvier 2019,** mise en place progressive de la réforme « 100 % santé » qui évite les restes à charge en dentaire, optique, audioprothèses.
– **Janvier 2021**, la réforme « 100 % santé » est 100 % opérationnelle.
– **2022,** tous les fonctionnaires bénéficieront d'un contrat santé collectif cofinancé.
– **2022**, élections présidentielles et législatives.
– **2025,** les frais de gestion des complémentaires santé ont franchi la barre des 10 milliards d'euros par an. Si on ne fait rien.

MOTS CLÉS

Pour comprendre le monde de l'assurance santé, quelques mots de vocabulaire sont nécessaires.

AMO : Assurance maladie obligatoire.
AMC : Assurance maladie complémentaire.
OCAM : Organismes complémentaires d'assurance maladie. Ils regroupent les mutuelles, les institutions de prévoyance (IP) et les compagnies d'assurance privées.
Ticket modérateur : somme restant à la charge des patients après remboursement par l'Assurance maladie obligatoire.
BR, BDR ou BDRSS : Base de remboursement de la Sécurité sociale.
Taux de redistribution : différence entre le montant des cotisations d'assurance maladie complémentaire collectées et le montant des prestations versées.
DREES : Direction de la recherche, des études, de l'évaluation et des statistiques. Elle dépend des ministères sociaux, dont celui de la Santé.
ACPR : Autorité de contrôle prudentiel et de régulation. C'est le gendarme du secteur banques et assurances.

PREMIÈRE PARTIE

1

La dernière trahison

C'est entendu : les mutuelles santé font pleinement partie du décor français, tout comme notre sacro-sainte Sécurité sociale. Elles en sont même devenues une extension. Un miracle quand on sait que la création en 1945 de la « Sécu », avec sa branche assurance maladie obligatoire, aurait dû signer l'arrêt de mort des mutuelles, apparues un peu avant la révolution de 1789. Leur raison d'être – « aider à la bonne santé de tous » – allait forcément se révéler redondante avec celle de la Sécu, qui se voulait, elle, universelle. Mais ces organisations avaient acquis un précieux savoir-faire, des réseaux et un maillage qui allaient pouvoir servir à la construction de la branche maladie. Les pères de la Sécurité sociale leur laissèrent donc une petite place.

Si elle peut s'entendre dans le contexte de l'époque, cette décision de partage fut une erreur majeure. Comment ne pas avoir anticipé toutes les dérives qui allaient pouvoir prospérer sur cette coexistence faussement pacifique ?

Cette grâce accordée en 1945 fut en réalité un tremplin dont les mutuelles ont habilement joué pour se développer et croître, en faisant croire à leur indéfectible nécessité. Il faut dire que, dès la fin des années 1970, elles ont pu compter sur nos courageux dirigeants qui, devant le trou naissant de la Sécu, ont trouvé plus aisé de leur transférer régulièrement de nouvelles charges que d'augmenter les cotisations obligatoires face aux besoins grandissants. Les mutuelles qui voyaient ainsi grossir leur part du gâteau ne se sont jamais plaintes de ces aubaines…

La conséquence est là : le marché français de l'assurance maladie complémentaire est aujourd'hui le premier d'Europe en volume d'affaires ! En clair : c'est un énorme business comparé à nos voisins. Et si, poussés par une communication anxiogène, nous étions devenus des sur-assurés ?

Ainsi, au fil du temps, Sécu et mutuelles sont apparues comme une seule et même fusée, à deux étages, promettant à la population de prendre soin de sa santé sans que les moyens financiers soient un obstacle, un motif de renoncement.

Ces « Organismes complémentaires d'assurance santé », dits aussi OCAM, ont si bien réussi à se greffer sur la Sécu, leur communication tonitruante a eu si fermement raison de nos doutes, que personne ne s'interroge aujourd'hui sur leur légitimité, leur efficacité, leurs différences, ni même leur projet. Pire, la plupart d'entre nous estiment ni possible ni souhaitable de remettre en cause leurs pratiques, et encore moins leur existence. Sauf à mettre en péril notre santé à tous, puisque, dit-on, « les mutuelles nous rendent bien service ».

Cependant, cette belle image d'acteurs originellement charitables, désintéressés et solidaires, a commencé à s'écorner. Particulièrement depuis 2019. Depuis que, malgré les promesses solennelles de modération tarifaire faites, en décembre 2018, au président de la République Emmanuel Macron, et à sa ministre des Solidarités et de la Santé, Agnès Buzyn, confrontés à la grave crise sociale des « gilets jaunes » qu'ils voulaient apaiser, les mutuelles ont honteusement gonflé leurs prix, dès le mois suivant, de 4 % en moyenne sur les contrats individuels, et même de plus de 10 % pour un assuré sur cinq, a constaté à l'époque l'association de consommateurs UFC-Que Choisir, preuves à l'appui. Cette année-là, une partie des assurés ont dû débourser 200 euros supplémentaires, parfois plus, sans aucune contrepartie.

Cet événement, et d'autres qui ont suivi, ont marqué un tournant dans la prise de pouvoir des mutuelles sur notre système. Récompense d'un long travail de lobbying, de chantage, de services rendus, et de complaisance de nos dirigeants.

Des preuves ? L'histoire récente en regorge, et nous y reviendrons ! Commençons par un flashback sur 2020 et 2021, deux années de grave crise sanitaire comme la France n'en avait pas connues depuis au moins deux siècles. Une période douloureuse pour tous et de comportements scandaleux de quelques-uns qui justifient à eux seuls de renverser la table, de remettre tous les compteurs à zéro, et de changer radicalement notre logiciel d'assurance santé.

17 mars 2020 : face à la crise sanitaire qui menace, les pouvoirs publics décident de confiner tous les Français. À cause de cette mesure, de la fermeture des cabinets médicaux, de la déprogrammation d'interventions chirurgicales, de la peur de sortir… les Français ont massivement renoncé à se soigner. Conséquence mécanique : les complémentaires santé ont commencé à faire

de très substantielles économies, ayant moins de soins à rembourser. Des économies amplifiées par la prise en charge à 100 % par l'Assurance maladie obligatoire de toutes les téléconsultations, des tests Covid, des arrêts de travail…

Six mois plus tard, en septembre, les services de l'État alertés sortent la calculette et constatent qu'au moment où se (re)creusait profondément le trou de la Sécu pour venir au secours des Français, les mutuelles et autres assureurs santé s'en mettaient plein les poches. Sur l'année 2020, révèle alors le ministère de la Santé, elles se seront épargné le remboursement de… 2,2 milliards d'euros de frais de santé, croyait-on. Pas mal, rapporté aux 38 milliards d'euros de cotisations collectées en 2019. Une économie réalisée en toute discrétion, bien sûr. Les mutuelles qui ont toujours l'œil rivé sur les indicateurs financiers, se sont bien gardées de le crier sur les toits, et encore moins d'annoncer des baisses de tarifs ou des remises aux assurés.

Le gouvernement, qui tente alors de faire face à la crise sanitaire et économique « quoi qu'il en coûte », met les pieds dans le plat et exige aussitôt des complémentaires santé une contribution au déficit de 38,9 milliards d'euros que la Sécurité sociale va finalement cumuler en 2020. Ce sera la « taxe Covid ». En face, ce sont des hurlements de la part des mutuelles qui crient à l'injustice, à la « précipitation ». On croit rêver.

Bizarrement, le montant de cette taxe sera « modeste » : un milliard d'euros fin 2020 puis un demi-milliard d'euros en 2021. Une contribution qui laisse aux mutuelles la modique somme de 700 millions d'euros de gains. Mieux que le loto. Pourquoi ce cadeau ? S'agit-il de calmer les complémentaires qui répètent à l'envi que les comptes ne sont pas arrêtés et qu'il faudra prendre en considération les impayés, les difficultés voire l'incapacité des entreprises à régler les cotisations d'assurance santé de leurs salariés qu'il faudra alors passer par pertes et profits ?

La réalité, c'est que l'État, qui a grand besoin d'argent, a peur de ces puissants organismes qui maîtrisent parfaitement les canons de la communication, avec même, quand la situation l'exige, toute la malhonnêteté intellectuelle nécessaire. Et la majorité d'alors – du ministre de la Santé, Olivier Véran, jusqu'au président Macron – ne veut surtout pas voir s'envoler en 2021, à quelques mois d'échéances électorales majeures, les cotisations d'assurance santé des Français et des entreprises, probablement pas encore remis des effets économiques de la crise sanitaire. Olivier Véran le dira d'ailleurs clairement aux mutuelles sous forme d'injonction en décembre 2020 : « Pas de répercussion de la taxe Covid sur les cotisations en 2021 ! » Il a d'ailleurs un argument à opposer à toute éventuelle résistance : la population n'étant pas totalement vaccinée avant, au mieux, l'été 2021, les mesures sanitaires vont se prolonger et les dépenses de santé resteront, pour plusieurs mois encore, inférieures à la normale.

Les complémentaires santé, pense-t-on alors en haut lieu, n'ont plus d'autre choix que la stabilité tarifaire pour prouver leur solidarité avec les Français. Leurs trois fédérations (des mutuelles, des assureurs privés et des institutions de prévoyance) vont d'ailleurs promettre la modération et appellent leurs adhérents à éviter toute hausse inconsidérée. À peine ces promesses sont-elles déposées que déjà, çà et là dans la presse, des dirigeants de complémentaires commencent à déclarer qu'ils seront obligés d'augmenter les cotisations car contraints de… répercuter la taxe Covid sur leurs assurés ! Il fallait oser. Et ils l'ont fait : en 2021 les cotisations de certains acteurs – pas tous – se sont envolées de 5 %. Au diable les bons sentiments, la générosité d'antan, la solidarité d'avant. Seuls quelques rares acteurs encore vertueux ont reversé aux assurés une part du trop-perçu des cotisations de 2020, ou ont modéré leurs tarifs 2021.

Cette fois, la colère gagne le ministre de la Santé, Olivier Véran, et celui des Comptes publics, Olivier Dussopt, qui, comme un an plus tôt, convoquent les trois fédérations de complémentaires santé dont les engagements n'ont pas été tenus. Les intéressés n'ont même pas eu peur ! Rien n'a changé et les hausses sont finalement passées. Elles sont cependant restées en travers de la gorge des assurés. Pourtant, comme souvent dans ces cas-là, le pire était à venir.

Fin mai 2021, Franck Von Lennep, le directeur de la Sécurité sociale, dévoile un nouveau bilan devant le Sénat qui l'a convoqué. Selon ses services, l'économie réalisée par les complémentaires santé ne serait pas de 2,2 ou 2,3 milliards d'euros, comme estimé, mais de 2,5 milliards voire, peut-être, davantage. S'ensuivra une véritable semaine de folie.

Le 7 juin 2021, l'agence de presse AEF publie dans une dépêche une étude approfondie des comptes financiers que viennent d'éditer les principaux assureurs, institutions de prévoyance et mutuelles du secteur. Les conclusions du journaliste, auteur de l'enquête, sèment la panique dans le landerneau des complémentaires : « Une tendance générale s'impose, écrit Grégoire Faney, non seulement les OCAM ont d'ores et déjà absorbé l'ensemble des coûts de cette taxe, mais celle-ci ne semble pas les empêcher de réaliser dans certains cas de substantielles économies »...

Devant la menace d'une réactualisation de la ponction Covid, certains ne vont pas hésiter à manier la tromperie pour tenter de se rallier l'opinion publique. Ce même 7 juin 2021, la Fédération nationale de la Mutualité française sort du bois par la voix de son président délégué, Daniel Havis, ex-patron de la Matmut, afin de « mettre en garde », dit-il dans un communiqué, contre tout projet d'augmentation de cette taxe. Au passage, il concède tout de même qu'en 2020 le montant des prestations et autres remboursements versés aux assurés a diminué, mais de seulement « 6 % », assure-t-il. Soit, selon ses calculs, « environ 1854 millions d'euros » d'économies. La manipulation est claire : avec si « peu » d'économies, il serait anormal de nous remettre à contribution. Sauf que... le lendemain 8 juin, le quotidien *Les Échos* rapporte les propos d'un membre du cabinet d'Olivier Véran, où l'on est en train de boucler le projet de loi de financement de la Sécurité sociale pour 2022. « On estimait que les économies réalisées par les complémentaires santé s'élevaient à 2,3 milliards d'euros, explique au quotidien un conseiller ; en fait, c'est 2,8 milliards d'euros » ! Un chiffre qui ne sort pas du chapeau puisqu'il émane de l'ACPR, l'Autorité de contrôle prudentiel et de résolution, le gendarme des secteurs banque et assurance qui collecte, pour le compte de l'État, tous les rapports financiers des acteurs... Une véritable escroquerie des assurances, pourrait-on dire en souriant si la résistance des mutuelles à l'équité n'était si agressive et pénalisante.

Alors que l'État ne cesse depuis 1979 d'imposer des économies à l'ensemble de notre système de soins, hôpitaux en tête et patients compris, comment tolérer que les complémentaires, acteurs privilégiés d'une mission de service public à caractère social, puissent librement saigner les assurés au point que certains se voient contraints de renoncer à toute couverture complémentaire ? Sait-on qu'aujourd'hui les autorités évaluent à 11 millions le nombre de Français « éligibles » à la Complémentaire santé solidaire, créée en 2019 pour les plus démunis en fusionnant la CMU-C (Couverture maladie universelle complémentaire) et l'ACS (Aide à l'acquisition d'une complémentaire santé). Donc, c'est officiel : un habitant sur cinq en âge de s'assurer en santé n'en a pas les moyens sans une aide de l'État. Un sur cinq.

Et pendant ce temps, mutuelles et assureurs santé continuent de cultiver les excès et les excédents, sans jamais remettre en cause ni leur train de vie ni leurs pratiques. Et donc maintenant, sans plus tenir leurs engagements, notamment de modération.

Alors, vraiment fiables, les mutuelles ?

2

La fin de l'état de grâce

Mais que s'est-il réellement passé à cette époque dans la coulisse politique ? Officiellement, les complémentaires santé se sont fait remonter les bretelles, et ça n'est pas allé plus loin. En réalité, les réunions de mise au point organisées à l'initiative de l'exécutif ne se sont pas passées de façon si simple et indolore. Car cette fois les mutuelles et autres assureurs santé, désormais totalement déconnectés des difficultés des Français, ont franchi la ligne jaune de l'indifférence, aimantées par l'attrait du profit ou des excédents.

Par ailleurs, on voit bien les mentalités changer en haut lieu et la méfiance s'installer. Particulièrement quelques mois après l'arrivée d'Emmanuel Macron à l'Élysée, et après que fut faite la démonstration qu'une coopération entre assurance maladie et complémentaire – souhaitée par le candidat Macron – était impossible. Trop gourmandes, peut-être aveuglées par leurs succès passés et leur poids, les mutuelles qui voulaient devenir plus grosses que le bœuf pourrait bien voler en éclat. C'est en tout cas ce qu'il ressort de l'entretien extrêmement tendu qui s'est tenu en 2019 et 2020 entre le chef de l'État et les représentants des trois fédérations de complémentaire. Où il semble que la fin de l'état de grâce a sonné pour les mutuelles.

C'est ce que confirme le récit de l'ancienne ministre des Solidarités et de la Santé, Agnès Buzyn, qui garde un souvenir très agacé de ses relations avec les mutuelles et assureurs en santé. Et c'est ce qu'elle a bien voulu me raconter, elle qui ne donne plus d'interviews depuis son échec aux municipales de Paris.

« Le président leur a dit : c'est simple,
si vous ne jouez pas le jeu,
tout passera par l'assurance maladie ! »

Agnès Buzyn,
ancienne ministre des Solidarités
et de la Santé

Ministre des Solidarités et de la Santé de mai 2017 à février 2020, et depuis janvier 2021 membre du cabinet du directeur général de l'Organisation mondiale de la santé (OMS), Agnès Buzyn a accepté de revenir dans ce livre sur son expérience avec les Organismes complémentaires d'assurance maladie (OCAM) et les possibles conséquences de leurs pratiques. « J'ai beaucoup à dire », avait-elle glissé d'entrée...

Madame Buzyn, vous vous êtes intéressée dès votre arrivée au ministère des Solidarités et de la Santé au reste à charge des ménages et à leur facture d'assurance santé. À deux reprises, fin 2018 et fin 2019, vous avez appelé les complémentaires santé à la modération tarifaire pour préserver le pouvoir d'achat des Français. Sans succès. Quel souvenir gardez-vous de cette période ?

J'étais furieuse, et le président de la République aussi. Au ministère de la Santé, quand vous négociez avec les complémentaires, vous négociez avec leurs fédérations. Pendant huit mois j'avais donc conçu et négocié avec elles la réforme du 100 % santé, pour un reste à charge zéro sur les lunettes, le dentaire, et les audioprothèses. Nous leur avions démontré au final que, l'essentiel de la dépense supplémentaire étant supporté par l'Assurance maladie obligatoire, l'impact pour elles serait très faible, et même nul la première année de mise en application. Je leur ai démontré que la hausse serait facilement absorbable en réduisant leurs frais de gestion et quelques prestations. J'avais donc demandé à la fin, et les fédérations étaient d'accord, que les tarifs ne progressent pas pendant 3-4 ans au-delà du taux d'augmentation naturel et automatique des dépenses de santé, qui se situe entre 2 et 2,5 % par an. En aucun cas la réforme ne pouvait justifier une quelconque autre hausse.

En juin 2018 nous annoncions, au congrès de la Mutualité française, le lancement de la réforme 100 % santé. Dès septembre j'ai vu apparaître des courriers de complémentaires, petites et grosses, justifiant la hausse de leurs tarifs 2019 par la prise en charge de la réforme du 100 % santé ! Certaines de ces mutuelles couvrent les hauts fonctionnaires qui avaient participé avec moi aux négociations. Ils avaient reçu le courrier et savaient très bien que la réforme ne coûtait rien aux mutuelles la première année. C'était un faux, un vrai mensonge ! Là j'étais vraiment en colère ; j'ai convoqué les fédérations, mais j'avais déjà compris qu'elles n'avaient aucun pouvoir sur leurs adhérents.

Pourquoi ont-elles répercuté le 100 % santé, alors ?

En fait, la réforme de la complémentaire santé obligatoire en entreprise, mise en place en janvier 2016 par M. Hollande et Mme Touraine, nous a compliqué la tâche, car elle a introduit une vraie injustice entre assurés individuels et collectifs. La forte concurrence sur les contrats collectifs qu'a créée cette réforme a mis en difficulté de nombreux organismes qui avaient cassé les prix pour garder ou prendre des parts de marché en entreprise. Pour compenser leurs pertes, des organismes ont augmenté fortement les prix des contrats individuels en en faisant porter la responsabilité à la réforme 100 % santé.

C'était un double scandale car, en plus de mentir, elles faisaient supporter aux titulaires des contrats individuels – dont beaucoup sont des personnes âgées, des chômeurs, des travailleurs indépendants, et ont de faibles revenus – les baisses de prix consenties sur le marché du collectif.

Certaines complémentaires font du bon, voire du très bon travail. Toutes n'ont pas agi ainsi. Mais je regrette que les fédérations n'aient pas fait le ménage en excluant ceux de leurs membres qui n'avaient pas respecté leur engagement de modération, ceux qui ont menti.

Avez-vous été soutenue ?

Oui, très soutenue même, par Bercy, par Matignon, par l'Élysée. Le président Macron était tellement furieux qu'il a convoqué à l'Élysée les trois fédérations en janvier 2019 et il a été très ferme ! Il était vraiment très en colère. Le 100 % santé, c'était aussi sa promesse de campagne, pour lutter contre les injustices en santé ! Il a même fini la réunion en disant aux responsables des fédérations : « C'est simple :

si vous ne jouez pas le jeu, tout sera public et tout passera par l'assurance maladie ! ». C'est-à-dire qu'on passerait d'un système assurantiel à un système totalement public. Et je ne sais pas à quel point cette question ne se posera pas un jour de toute façon.

Vous voulez dire qu'Emmanuel Macron a menacé de réorganiser le système d'assurance santé en excluant les complémentaires ?

C'était dit en souriant, mais c'était dit. Le président n'hésite jamais à dire les choses qu'il pense.

Êtes-vous d'accord avec cette idée de réorganiser le système pour créer une assurance maladie universelle, sans les organismes complémentaires ?

À partir du moment où leurs dépenses sont contraintes, dépendent du remboursement de la Sécu, leur avantage joue sur quoi ? Sur les prestations de confort. Ils font la différence sur des niches. Or, en France, ce qui est prouvé scientifiquement comme étant utile pour la santé par la HAS [Haute Autorité de santé] est remboursé par l'assurance maladie. Le second principe étant que ce qui n'est pas démontré comme utile n'est pas pris en charge.

Les Français ont le reste à charge le plus faible du monde, 6,9 %. Et ce reste à charge ne porte jamais sur des soins importants qui, eux, sont toujours très bien pris en charge par l'Assurance maladie obligatoire : affections longue durée, maladies chroniques… Les Français l'oublient souvent. C'est encore plus vrai depuis la réforme du 100 % santé qui permet dorénavant de s'équiper en lunettes, audioprothèses et de soigner ses dents sans aucun reste à charge. Que reste-t-il donc aux complémentaires ?

Ces organismes sont-ils devenus inutiles ?

Leur modèle a-t-il toujours du sens ? S'il existe une assurance santé obligatoire, qu'on a des paniers de soins remboursés à 100 %, à quoi sert le système concurrentiel ? J'ai mis en place la réforme du 100 % santé dont ont rêvé tous les ministres de la Santé depuis quarante ans, j'ai créé la Complémentaire santé solidaire, j'ai imposé l'obligation vaccinale pour 11 vaccins, que plus personne ne conteste, le paquet de cigarettes à 10 euros… Pour chaque réforme, j'ai réfléchi à ce qui était essentiel pour la population, avant toute autre chose. Et ce qui est essentiel, selon moi, doit être pris en charge par l'Assurance maladie obligatoire.

Et que deviendraient les mutuelles, assureurs santé et leurs salariés ?

Ils doivent pouvoir prendre en charge, de manière non obligatoire, ce qui est au-delà de l'essentiel. Il y a beaucoup à faire sur la prévention par exemple, le suivi de la perte d'autonomie ou les soins dont l'efficacité n'a pas été prouvée scientifiquement mais auxquels les gens peuvent vouloir recourir : ostéopathie, nutritionnistes, médecine douce, certains médicaments… Pour tous ces soins, en tout cas, le secteur concurrentiel a un rôle à jouer. Il l'a d'ailleurs bien compris : quand il propose de prendre en charge quatre consultations de psychologue par an, c'est bien pour se positionner sur les soins non remboursés par la sécurité sociale…

La Complémentaire santé solidaire, que vous avez créée pour les plus démunis, n'est-elle pas l'embryon d'un possible futur régime d'assurance maladie complémentaire universelle ?

La Complémentaire santé solidaire profite déjà aujourd'hui à plus de 7 millions d'assurés modestes, la plupart du temps gratuitement et au maximum pour 1 euro par jour, et je suis extrêmement fière de l'avoir créée. En réalité, 11 millions de personnes y sont éligibles, malheureusement ce dispositif est insuffisamment connu. Mais c'est vrai, la CSS pourrait en effet très bien jouer un rôle important dans un système d'assurance maladie universelle.

3

Bienvenue dans un monde complexe

On l'a vu : difficile aujourd'hui quand on veut piloter le secteur de la santé de fixer un cap et de le garder. Normal : ce monde est tout sauf simple et transparent… 64 millions de personnes en France sont couvertes par une assurance santé complémentaire, dont 58,5 millions par des mutuelles, institutions de prévoyance ou assureurs privés. La différence – 5,5 millions – est prise en charge par la complémentaire « d'État » : les ex-CMU-C et ACS, dédiées aux plus modestes, devenues par fusion le 1er novembre 2019 la Complémentaire santé solidaire. Les études ont montré qu'en réalité 11 millions de Français, en effet, sont éligibles à la CSS.

Ce gâteau, puisque la complémentaire santé en est un, est une vraie mosaïque, un puzzle. D'abord divisé en deux parts : l'assurance collective d'un côté, l'assurance individuelle de l'autre.

La France fracturée en deux parties perdantes

L'assurance « collective » concerne 26 millions de salariés du secteur privé (et parfois leurs ayants droit) qui sont obligés (sauf rares exceptions) depuis la loi de 2015, applicable au 1er janvier 2016, d'adhérer à la complémentaire santé choisie par leur employeur, lequel se doit de leur en proposer une et de la cofinancer à hauteur d'au moins 50 %. S'ils n'ont plus le choix de leur mutuelle, souvent même plus le choix du niveau de garantie, ces salariés profitent en revanche d'offres âprement négociées à l'échelle de l'entreprise et de tarifs plus intéressants du fait de la répartition du « risque » sur l'ensemble du personnel adhérant à ces contrats dits aussi « de groupe ». Mais c'est surtout grâce à la très forte pression concurrentielle suscitée par la réforme que les tarifs sont attractifs.

L'assurance « individuelle », elle, intéresse 32,5 millions de non-salariés en âge de s'assurer (et leurs ayants droit) – étudiants, fonctionnaires, libéraux, retraités, chômeurs, précaires, inactifs, invalides… Pour eux, la situation est inverse : pas d'obligation légale d'adhérer à une mutuelle mais des tarifs non négociables et en moyenne nettement plus élevés associés à des garanties inférieures, car le risque n'est pas partagé par un groupe. Il est au contraire calculé pour chaque assuré en fonction de sa probabilité de recourir à des soins. Si en apparence cette partie de la population a le privilège du choix et de faire jouer la concurrence, l'illisibilité persistante des contrats et leur uniformisation continue organisée ces dernières années par le législateur entravent considérablement cette liberté.

Deux mondes, donc, deux grandes différences de traitement et déjà les premières inégalités. Du côté de l'Assurance maladie obligatoire, qui sert 95 % de la population, les choses ont le mérite d'être plus simples et plus équitables : cotisation proportionnelle au salaire pour tous et prise en charge identique pour chacun.

Des acteurs aux pratiques, contraintes et objectifs très différents

Pour compléter le puzzle, il faut préciser maintenant que cette partition du marché est assortie d'un partage entre trois familles d'acteurs, historiquement appelés « mutuelles », car ces entités juridiques dominent le marché. Mais le qualificatif exact est « Organismes complémentaires d'assurance maladie » (OCAM), ou plus simplement « complémentaires santé », car elles complètent les remboursements de l'Assurance maladie obligatoire. AMO qui compte de son côté... 13 acteurs, dont la Caisse nationale d'assurance maladie et la Mutualité sociale agricole ainsi que 11 régimes spéciaux ! Désolé : les choses se compliquent.

Parmi les OCAM, donc, trois grandes familles d'acteurs :

- **Les (vraies) « mutuelles »**. Historiquement spécialisées en assurance santé, elles ont été qualifiées ainsi, car elles mutualisaient les dépenses de soins entre tous leurs adhérents. Généralement associations à but non lucratif, elles sont dirigées par un président élu par les sociétaires, et sont soumises aux règles du code de la Mutualité. Premières en nombre, avec 310 entités, les mutuelles, en recul, détiennent aujourd'hui 49 % du marché.
- **Les institutions de prévoyance**. Interdites elles aussi de bénéfices et également contraintes de réinvestir les excédents éventuels, les « IP », comme on les surnomme, se distinguent par leur mode de gouvernance, paritaire, avec un conseil d'administration composé à parts égales de représentants des employeurs et des salariés. Les IP, qui se sont spécialisées dans les contrats

collectifs d'entreprises, sont régies, elles, par le code de la Sécurité sociale. À 26, elles gèrent 17 % du marché.

- **Les sociétés d'assurance.** Organismes de droit privé à vocation lucrative assumée, ces compagnies sont dirigées par un président nommé par les actionnaires auxquels est reversé tout ou partie du bénéfice. Attention, dans ce groupe d'acteurs on peut trouver de « fausses mutuelles ». Deuxième acteur du marché de la santé avec une part de 34 %, en hausse constante, ces sociétés qui relèvent du code des assurances sont au nombre de 103.

Pour être complet sur la complexité, il faut ajouter les groupes, groupements ou sociétés de groupes (SGAM), apparus récemment. C'est la dernière tendance : les organismes, de moins en moins nombreux, se fédèrent pour créer de grands acteurs censés engendrer de la croissance et générer des économies d'échelle. À l'instar du groupe VYV, qui rassemble Harmonie mutuelle, la MGEN, la MNT, la MGEFI, la MMG, et la SMACL. Devenu n° 1 du marché, le groupe VYV créé en 2017 revendique ainsi 10 milliards d'euros de chiffre d'affaires, un quart du secteur ! Que pèsent les petites mutuelles à côté ? Quelle espérance de vie pour elles ?

Enfin, le gâteau est encore divisé en deux parties totalement inégales. D'une part celle des contrats dits « solidaires et responsables » qui, en échange d'une fiscalité allégée, s'engagent sur des niveaux – planchers et plafonds – de remboursements. Et les « autres contrats », soit 5 % du marché, dont la fiscalité est supérieure de sept points, et qui, moyennant des prix élevés, ont le droit de proposer des remboursements déplafonnés.

En résumé, on a donc d'une part des clients aux profils moyens et aux besoins très différents et évolutifs, et d'autre part des acteurs du marché de moins en moins nombreux, de plus en plus gros, aux pratiques, réglementations et objectifs différents sinon opposés. Un secteur où certains organismes sont contraints à la transparence quand d'autres évitent de diffuser le moindre rapport d'activité détaillé, comme s'ils avaient des choses à cacher.

Cette mosaïque complexe et obscure explique pourquoi, dès lors que les pratiques concurrentielles l'ont investie et pervertie, tel un ver dans un fruit, le secteur de l'assurance santé complémentaire a facilement perdu ses repères, son âme et sa légitimité.

Quand les mutuelles voulaient manger tout cru les assureurs privés

À quand remonte la rupture et pourquoi ? C'est un processus d'ouverture progressive du marché à la concurrence engagé en 1956 qui a ouvert les premières failles. Mais une décision majeure a achevé de sceller le sort des mutuelles jusque-là hégémoniques sur ce marché ; elle peut être précisément datée au 31 décembre 1989.

Ce jour-là a été votée la loi Évin, du nom du ministre de la Santé d'alors. À l'époque, Claude Évin souhaitait mettre un peu d'ordre dans ce secteur et mieux protéger les assurés, particulièrement les salariés qui prenaient leur retraite. L'ancien ministre en a aussi profité pour traduire dans le droit français les directives européennes, lesquelles ne faisaient pas de distinguo entre familles d'assureurs, contrairement à la réglementation française qui privilégiait les mutuelles, notamment avec des avantages fiscaux. C'est ainsi que mutuelles, institutions de prévoyance et assureurs privés se sont retrouvés sur un premier pied d'égalité pour commercialiser leurs offres.

« Cette réforme, raconte un expert en économie de la santé souhaitant rester anonyme, a été poussée par la Mutualité française dont le patron, René Teulade, était sûr de manger tout cru les assureurs ; ce qui ne s'est pas produit... » La Mutualité aurait dû tirer les enseignements de cette intrusion politique hasardeuse qui lui a coûté de belles parts de marché. Membre du Parti socialiste, René Teulade, lui, n'a rien perdu dans l'affaire puisqu'il est devenu ministre des Affaires sociales en 1992, puis sénateur...

Alors, vraiment indispensables, les mutuelles ?

4

Mais combien dépensons-nous pour elle ?

Tout le monde sait intuitivement qu'une mutuelle santé, « ça coûte cher ». Mais qui sait ce qu'il paie précisément ? Beaucoup l'ignorent. Certains par désintérêt ou phobie administrative, d'autres parce qu'ils n'ont pas suivi les évolutions tarifaires imposées par tacite reconduction. D'autres encore parce que le montant réglé se dissout entre la participation du salarié et celle de l'employeur, rendant son identification difficile.

Et qui sait ce que ça rapporte d'être assuré ?

Pour avoir une idée de l'utilité réelle des complémentaires santé, mesurer leur rapport bénéfice-risque, comme on dit en santé, il faut se pencher sur nos factures. Même s'il est très délicat d'en tirer des généralités tant il y a presque autant de factures que de contrats différents.

Selon l'ACPR (Autorité de contrôle prudentiel et de régulation), le gendarme de l'assurance et de la banque, en 2016 les Français ont payé pour leur couverture complémentaire santé 550 ou 600 euros par an en moyenne, selon qu'ils bénéficiaient d'un contrat individuel ou collectif. Ce chiffre, déjà dépassé, découle de la simple division entre le montant total des cotisations perçues (33 milliards d'euros en 2016) et le nombre d'assurés couverts par les complémentaires (58,5 millions). Mais plusieurs études mettent à mal cette estimation globale qui ne tient pas compte de la « réalité du terrain » : pour quelles garanties ? Quel profil d'assuré ?... Une réalité difficile à saisir, d'ailleurs, car elle-même recouvre des situations nombreuses, très disparates, très inégalitaires et très évolutives.

Entre 2016 et 2021, par exemple, les cotisations passées régulièrement au crible ont ainsi subi, selon plusieurs sources (associations, comparateurs...), une hausse imposée d'environ... 22 % pour les contrats individuels, la moitié tout au plus pour les contrats collectifs d'entreprise, sous forte pression concurrentielle pendant cette période.

Contrats individuels : l'énorme injustice

Tarifs plus élevés, garanties inférieures – selon les constats de la Direction des études et des statistiques (Drees) du ministère de la Santé –, mais à l'arrivée profitabilité insoupçonnée : les contrats individuels sont un scandale d'État.

L'UFC-Que Choisir a tenté en 2017 une évaluation des pratiques tarifaires en scrutant à la loupe plusieurs centaines de contrats individuels reçus après un appel à témoins. Selon l'association de consommateurs, la facture moyenne s'élevait à l'époque à 688 euros par an et par assuré. Mais, précisait-elle, « un Français sur cinq paie plus de 200 euros par mois », 2 400 euros par an !

Depuis, d'autres acteurs se sont penchés sur cette facture. Selectra, comparateur généraliste en ligne et spécialiste du data mining, a publié en 2021 une fourchette de tarifs résultant de données collectées en 2018. Selon le site, un étudiant paie en moyenne 388 euros par an pour sa mutuelle, un adulte sans enfant 574 euros, le retraité se retrouvant malgré lui sur le podium avec une facture de 966 euros, en moyenne. L'étude la plus détaillée a été réalisée en 2020 par le comparateur en ligne lelynx.fr. Elle met en lumière ce que cachent les moyennes : une extrême hétérogénéité et une envolée folle des cotisations. « Les Français ont déboursé 880 euros pour leur assurance santé », affirmait en mars 2021 ce comparateur après avoir passé au crible, tout au long de l'année précédente, un échantillon de 278 616 primes. Un montant inattendu qui cache de nombreuses disparités, en réalité d'incroyables inégalités.

De 324 à 1 257 euros par an selon l'âge et le lieu de l'assuré !

Pour certains assurés l'addition, nous dit l'étude, se révèle carrément douloureuse. Au-delà de 55 ans, elle grimpe à 1 257 euros par an. Plus d'un mois de salaire au SMIC (1 231 euros nets), presque un mois de pension de retraite médiane (1 393 euros) ! À l'autre extrémité du panel, les jeunes de 18 à 25 ans, a priori peu consommateurs de soins, règlent tout de même 424 euros par an, pour des garanties qu'ils choisissent à la hauteur de leurs besoins : basiques.

À côté de ces disparités liées à l'âge, l'étude pointe des inégalités géographiques. Si l'assuré réside en Bretagne, sa facture « mutuelle » n'est que de 784 euros. Mais s'il habite les Hauts-de-France, c'est le coup de bambou garanti avec une cotisation qui grimpe à 923 euros. Pourquoi 18 % de différence ? Le risque, ma bonne dame ! Le risque ! Quelques statistiques auraient démontré que dans leur région nos amis ch'tis et picards sont en moins bonne santé qu'ailleurs, le diabète y serait plus fréquent, dit-on, et le passé minier ferait encore des ravages sur les poumons. Ces assurés consommeraient donc plus de soins. Mais sans doute meurent-ils plus vite aussi ! Ils coûtent donc plus cher, mais moins longtemps... Pour cette population, c'est donc la triple peine : mauvaises conditions de travail imposées, mauvaise santé supposée et grosse facture assurée ! Les nitrates qui ont infiltré 30 % à 40 % du sous-sol breton n'auraient-ils pas d'effets sur la santé ? Et la pollution de l'air en Île-de-France, le nuage de Tchernobyl dans le Grand-Est ?

Cette hétérogénéité géographique ridicule est poussée à l'extrême, jusqu'au niveau des villes. L'assuré de Rennes, premier de la classe, ne consacre « que » 554 euros à sa mutuelle santé quand le Parisien doit débourser 848 euros. Quasiment... 300 euros d'écart. Le fait que le pouvoir d'achat soit plus élevé dans la capitale n'a bien sûr rien à voir dans l'affaire !

En critères cumulés, cette étude révèle un incroyable grand écart : 324 euros pour l'étudiant rennais *versus* 1 348 euros pour un senior parisien de plus de 55 ans qui verra ses revenus fondre de 40 % quand l'heure de la retraite sonnera.

Ainsi se concrétisent et s'illustrent quarante ans de dérive des pratiques mutualistes. On est loin de la philosophie de l'Assurance maladie obligatoire créée en 1945 qui impose à chaque citoyen de cotiser en proportion de ses moyens, sans aucune indexation sur son « risque » (âge, sexe, antécédents, lieu de vie...). Philosophie résumée sous le célèbre slogan : « Chacun paye en fonction de ses moyens, et reçoit selon ses besoins ».

On est aussi bien loin des premières mutuelles qui répartissaient le risque sur l'ensemble de leurs adhérents, tous volontaires (ceux d'une entreprise, d'une commune, d'une corporation...), le tarif unique étant calculé pour assurer l'équilibre entre recettes et dépenses de la « société de secours ». Quelques-unes, comme la MGEN (Mutuelle générale de l'éducation nationale), ont réussi à préserver ce principe de cotisation proportionnelle au revenu. Mais au revenu brut, primes incluses, et l'âge y est devenu un critère discriminant.

Cette « solidarité intergénérationnelle », qui répartissait les coûts de santé sur l'ensemble des générations, et donc l'ensemble de la vie, a été abandonnée progressivement depuis les années 1990 pour des motifs lucratifs et de concurrence accrue, faisant au passage le lit d'un véritable marigot des tarifs et des garanties. Finalement, l'assuré d'aujourd'hui ressort financièrement essoré et techniquement dissuadé de changer de crémerie.

Je voudrais ici ouvrir une parenthèse à propos de cette solidarité intergénérations. Un beau jour, durant la rédaction de ce livre, je dénonçais devant des connaissances l'apparition, à l'initiative d'assureurs privés, des premiers contrats non solidaires, bradés pour mieux capter la clientèle des jeunes, encore peu assurés. Un interlocuteur trentenaire me coupa et rétorqua, avec un certain agacement : « Mais les retraités ont un niveau de vie supérieur aux jeunes, il n'y a pas de raison que les jeunes paient pour les vieux ». Un point de vue assez répandu qui justifie néanmoins une petite mise au point. La pension moyenne des 17,8 millions de retraités s'élevait en décembre 2019 à 1 390 euros nets, selon le Panorama annuel de la retraite réalisé par la Drees, la Direction des études des ministères sociaux. On est un peu au-dessus du SMIC (1 231 euros nets). Peut-on parler de nantis ? Certes, une partie des retraités vit confortablement, mais sait-on qu'en moyenne les femmes en retraite, souvent isolées, ne perçoivent que 1 099 euros par mois ? Comment survivent-elles quand en plus de leurs charges quotidiennes on leur réclame 100 à 200 euros par mois pour assurer leurs dépenses de santé, sans l'aide d'un employeur, bien sûr, au contraire des jeunes salariés… Je me demandais ce jour-là ce que pensera ce jeune père de famille agacé le jour où, arrivé à la retraite, il fera un trait sur 40 % – au moins – de ses revenus, perdra du jour au lendemain la participation de son employeur, et devra payer seul et au prix fort une assurance santé…

La solidarité intergénérationnelle doit se penser à l'échelle d'une vie, tout le monde et chacun, au bout du compte, en tirant les mêmes bénéfices… C'est là un simple étalement des dépenses dans le temps qui évite de renoncer aux soins pour raisons financières au moment où on en a le plus besoin. C'est l'esprit de notre Sécu.

Alors, vraiment égalitaires, les mutuelles ?

LE CAS D'HENRI

Je me souviens d'Henri L. Cet ancien comptable francilien de 85 ans aussi alerte que courtois m'a appelé plusieurs fois à la rédaction en 2018 et 2020 parce que, répétait-il : « Il faut faire un article. Ce qui se passe avec les contrats individuels est tout à fait anormal. » Très fidèle assuré chez SwissLife, Henri payait chaque mois, rubis sur l'ongle, 500 euros pour sa couverture complémentaire santé et celle de son épouse. 6 000 euros par an dont il ne cherchait plus, à son âge, à justifier l'absurdité, tout concentré qu'il était à dénoncer une autre injustice.

– Mais c'est une fortune ! lui ai-je répliqué la première fois que nous avons échangé. Pourquoi ne pas changer de mutuelle ?

– Je suis bien chez SwissLife, ça n'est pas le problème. Je paie cher, sans doute, mais ils me remboursent tout, même un paquet de coton, avait-il lâché pour me convaincre.

– Ça fait tout de même cher le paquet de coton ! ai-je répliqué en riant.

– Le scandale, monsieur, c'est que depuis la réforme des contrats responsables en 2015, il y a des plafonds de remboursement pour les mutuelles. Quand je vais voir un spécialiste, quand je change de lunettes, je suis désormais, et comme tout le monde, moins remboursé qu'avant. Et croyez-vous que les mutuelles, qui ont moins à payer, ont baissé les cotisations ? Non monsieur ! me lançait-il à chaque conversation avant de conclure par un inévitable « C'est totalement anormal ! ».

Henri avait raison. Même si la meilleure réponse dans son cas aurait consisté à s'adresser à la concurrence, il n'en reste pas moins que les complémentaires santé qui pleurent et protestent à la moindre hausse de charges, se gardent bien du moindre partage quand leurs dépenses baissent.

Contrats collectifs : la réforme de trop

Depuis la réforme de 2015, applicable au 1er janvier 2016, tout employeur du secteur privé doit proposer à ses salariés un contrat de complémentaire santé qu'il doit de surcroît cofinancer, pour moitié au moins. Tant pis donc si cette réforme augmente encore le coût du travail… Et tant pis si les salariés n'ont plus le choix de leur mutuelle.

Pour les 26 millions de salariés concernés, l'évaluation du coût moyen de leur mutuelle et de son évolution dans le temps est, là encore, fastidieuse, les données étant rares, souvent confidentielles, et les tarifs à chaque fois taillés sur mesure. Car la facture présentée aux entreprises dépend, elle aussi, de critères instables : âge moyen des bénéficiaires, taux de femmes (pour les frais de maternité), d'enfants (souvent assurés « gratuitement »), taux d'accidents du travail, consommation de soins l'année précédente, sinistralité de la région, sans oublier le niveau de garantie souhaité. Une tarification complexe, pondérée au bout du compte par la capacité de négociation de l'employeur, aujourd'hui encore démultipliée par la féroce concurrence entre les mutuelles et assureurs. Mais demain, quand ce marché se sera stabilisé, sera saturé, qu'en sera-t-il des tarifs bradés ?

Plusieurs études ont tenté, malgré la difficulté, de chiffrer cette dépense contrainte et subventionnée des ménages salariés. Et elles n'ont pas déçu ! Le cabinet de conseil Deloitte s'est essayé à l'exercice en 2014 en adressant un questionnaire auquel ont répondu 60 entreprises représentant un million d'assurés en contrats collectifs et leurs ayants droit. Des sociétés plus généreuses et sensibles au bien-être de leurs salariés que d'autres puisqu'elles n'avaient pas attendu la réforme de 2015 pour offrir ce bonus social. En moyenne, rapportait l'étude, les salariés de ces entreprises bienveillantes payaient 504 euros par an de leur poche pour la mutuelle collective et leur employeur participait pour 59 % à la facture globale, soit 740 euros. Au total, le coût moyen d'un contrat collectif était ainsi estimé par Deloitte à 1 244 euros par an et par salarié (et le cas échéant sa famille). 100 euros par mois et par assuré, ça fait une somme rondelette quand on y pense pour des assurés à risques modérés !

En 2019, l'Irdes (Institut de recherche et de documentation en économie de la santé) a publié à son tour une vaste étude intitulée « Protection sociale complémentaire d'entreprise ». Basée sur un questionnaire adressé à un panel représentant 96 % des salariés et 84 % des entreprises du secteur privé, cette enquête réalisée en 2017 est très éclairante sur les inégalités engendrées par une réforme mal ficelée entrée en application deux ans plus tôt à l'initiative de Marisol Touraine, ministre de la Santé de François Hollande. Des iniquités qui se sont nichées partout. Mais l'important n'était-il pas, au bout du compte, pour nos dirigeants toujours en campagne, de pouvoir afficher un meilleur taux de couverture des Français par la complémentaire santé ? Quand bien même ce supposé gain était cofinancé... par les entreprises. Passons. Globalement, l'Irdes nous apprend qu'un contrat d'entreprise est facturé en moyenne par les mutuelles 754 euros par salarié et par an. Avec des situations, là encore, extrêmement hétérogènes. On s'en doute, mais on va quand même être surpris !

Des inégalités dans les inégalités

Ainsi, 10 % des assurés dépendent d'un contrat à moins de 300 euros par an quand, à l'opposé, 10 % bénéficient de garanties facturées près de 1 500 euros ! Facile d'imaginer derrière cette énorme amplitude le grand écart des prises en charge et remboursements par les mutuelles. Première forte inégalité entre les salariés qui n'en demandaient pas tant.

Déjà victimes d'iniquité salariale, les femmes s'avèrent l'être aussi en matière de mutuelle santé puisque le prix moyen des contrats collectifs dont elles bénéficient s'élève à 691 euros contre 807 euros pour les hommes... Deuxième inégalité.

Disparité encore selon la taille de l'entreprise. Sans surprise, dans la mesure où elles doivent financer au moins 50 % du coût du contrat, les petites entreprises, plus fragiles, ont choisi les offres les moins onéreuses : 675 euros par an pour celles employant moins de 10 salariés contre 833 euros quand l'effectif est supérieur à 500 collaborateurs. 23 % de générosité supplémentaire pour les gros employeurs ! Troisième inégalité.

Le type d'activité génère lui aussi ses disparités. Ainsi, pour être bien couvert, il vaut mieux travailler dans le secteur communication-finance-assurance-immobilier, où le personnel jouit de contrats à 1 048 euros en moyenne, que d'être employé dans l'hôtellerie-restauration où la couverture santé, forcément moindre, se facture 420 euros. Quatrième inégalité.

Dans certaines entreprises, le contrat proposé aux salariés prévoit plusieurs niveaux de garanties au choix alors que dans d'autres, l'employeur a sélectionné un contrat sans option. Et parmi ceux qui ont le choix d'une option, certains ont constaté qu'une fois arrêtée leur option était définitivement verrouillée. Pour eux, impossible de modifier le niveau de garanties alors que les besoins évoluent avec la situation personnelle et familiale. Cinquième inégalité.

Enfin, la réforme a fait le lit d'une série d'autres iniquités relatives au mode d'adhésion au contrat. Certains salariés ont ainsi le droit de refuser la mutuelle « maison » et d'en préférer une autre, celle de leur conjoint, plus généreuse ou moins coûteuse, par exemple. Dans d'autres entreprises, cette possibilité de déroger, pourtant légale, est systématiquement refusée, souvent sur injonction de la mutuelle qui veut assurer un maximum de salariés. Ça n'est pas tout : lors de la négociation du contrat, 64 % des entreprises ont obtenu que leurs salariés puissent, de manière facultative, associer leur famille au contrat quand d'autres employeurs (2,7 %) se sont vu imposer par la mutuelle un refus catégorique d'extension, que d'autres encore (21 %) obligent toute la famille de l'assuré à adhérer.

Bref, des inégalités dans les inégalités. Un vrai bazar !

Un salarié sur cinq insatisfait

Ainsi, en obligeant les salariés à adhérer à la complémentaire de leur entreprise pour leur couverture santé, Marisol Touraine, mère de la réforme, et les parlementaires qui l'ont votée, ont contribué à accroître sinon à créer des inégalités fortes tout en déniant aux salariés le droit de choisir leur mutuelle et leur niveau de garanties. Nul doute que l'ex-ministre mettra en avant un sondage précoce de l'administration faisant ressortir qu'une majorité des salariés seraient satisfaits des effets de la réforme.

Mais cette enquête, « Protection sociale complémentaire d'entreprise », réalisée en 2017 par la Direction des statistiques des ministères sociaux, relativise tout enthousiasme. Elle nous apprend que, suite à la mise en place de la réforme, 54 % des entreprises avaient modifié ou mis en place un contrat d'entreprise. Parmi les salariés ayant constaté des changements (nouveau contrat ou modification d'un contrat existant), un peu plus d'un sur cinq ne sont pas satisfaits voire sont très insatisfaits. Parmi les satisfaits, « tous les salariés n'ont pas pris le temps de comparer », ironise l'enquête dont la conclusion laisse pantois : « Un peu plus d'un salarié couvert sur cinq aurait refusé le contrat s'il avait pu le faire. »

Voilà qui relativisait déjà le succès apparent de cette réforme aux conséquences encore évolutives. Notamment celle-ci : qu'en sera-t-il des tarifs de ces contrats collectifs, jugés satisfaisants en 2017, et qui ont généré en 2019 une perte de… 743 millions d'euros pour les complémentaires santé ? Résultat d'un véritable dumping engendré par une concurrence délirante. Les complémentaires ne vont-elles pas finir par devoir rééquilibrer ces contrats vendus à perte quand le marché sera stabilisé ? Pourront-elles ne pas le faire ? Le rééquilibrage risque d'être douloureux.

Pour les mutuelles en tout cas, la réforme reste une aubaine : plus besoin d'aller chercher les clients un par un, il suffit de frapper à la porte des entreprises pour voir grossir son portefeuille. Et ça, ça permet aussi de réduire les coûts de gestion et de prospection… Enfin, normalement…

Comment nos gouvernants n'ont-ils pas anticipé tous ces effets pervers de la réforme ? L'influence des mutuelles, inspiratrices de cette réforme, a-t-elle rendu à ce point l'État aveugle et sourd ?

Alors, vraiment désintéressées, les mutuelles ?

5

+ 73,3 % en 15 ans : l'en(vol) tarifaire

Problème, pour ne pas dire scandale, si la facture de la couverture santé des Français atteint des sommets inquiétants, la trajectoire des tarifs a désormais franchi de façon suspecte le mur du son.

Dernière hausse identifiée : 2021. En évaluant le coût moyen d'un contrat individuel (883 euros par an) le comparateur lelynx.fr a pu mesurer aussi la hausse imposée, sur le terrain, aux Français : + 4,3 % en moyenne. Un taux qui confirme, à la virgule près, les conclusions de l'enquête publiée deux mois plus tôt, en janvier 2021, par l'UFC-Que Choisir. Étude réalisée sur un panel de 623 contrats individuels provenant de 128 organismes différents, dont les vingt plus importants. Selon l'association de consommateurs, ces + 4,3 % se sont traduits par une contribution annuelle supplémentaire de 79 euros pour la moitié des Français, et même 150 euros pour deux assurés sur dix.

Dans un contexte d'hypersensibilité sociale, la Mutualité française s'est empressée de tenter d'éteindre l'incendie que cette première étude venait d'allumer en publiant une virulente mise au point et ses propres chiffres. Selon la fédération des mutuelles, l'inflation ne serait pas de 4,3 % en moyenne en 2021, comme prétendu, mais de 2,6 % – ses adhérents sondés le jurent.

Une contre-attaque aussitôt balayée par le président de l'UFC-Que Choisir, Alain Bazot : « La Fédération nationale de la Mutualité française communique sur un échantillon de 32 mutuelles, dont on ignore le nom et les critères de choix (les moins inflationnistes, peut-être ?) et s'appuie seulement sur des déclarations, avec des chiffres ni vérifiés, ni certifiés », cinglait dans un billet le défenseur des consommateurs.

On pourrait même ajouter : peu importent les moyennes ; le problème, c'est que les hausses dénoncées ont bien été constatées et que des assurés les ont bien subies.

De 468 euros en 2006
à 880 euros en 2021 !

Cette hausse conséquente de 2021 appelle finalement une question : quelle est donc dans la durée l'ampleur des hausses ? Et surtout, cette stratégie inflationniste imposée aux assurés est-elle justifiée ?

Difficile de quantifier la dérive des mutuelles tant ce marché opaque est de plus en plus morcelé, individualisé. L'UFC-Que Choisir surveille pourtant les pratiques des assureurs comme le lait sur le feu. En 2017 notamment, elle a publié une étude bruyante portant sur plusieurs centaines d'appels de cotisation fraîchement reçus par des détenteurs de contrats individuels. À cette occasion, elle a dressé le bilan d'une décennie de stratégie tarifaire. Ses conclusions ont alarmé jusqu'en haut lieu, et pour cause : elle avait constaté qu'en dix ans les primes avaient flambé de 47 %. Pour les assurés, expliquait l'UFC, « la facture moyenne est passée de 468 euros en 2006 à 688 euros en 2017 ».

Un véritable incendie tarifaire qui n'a cessé par la suite de se propager, toujours selon les observations de l'association : + 3,5 % en 2018, + 4 % en 2019 et + 5 % en 2020, et donc + 4,3 %

en 2021. Malgré les appels présidentiels à la modération et les promesses des fédérations (lire plus haut). C'est donc une surpression tarifaire de 73 % qu'ont dû digérer les assurés en quinze ans, soit 4,86 % par an. Avec une facture qui sera passée de 468 à 880 euros en 2021 ! Une évaluation proche de celle publiée par la direction des statistiques du ministère de la Santé selon laquelle, de 2008 à 2017, la hausse moyenne des cotisations (entre 2008 et 2017) était de 4,2 % par an et non 3,7 % comme le prétend la Mutualité française.

De plus, ces moyennes déjà regrettables cachent de vrais scandales. L'UFC a ainsi distingué en 2020 l'assureur privé SwissLife et ses… 12 % d'augmentation sur certains de ses contrats ! Apicil, pourtant mutuelle historique, figurait sur la deuxième marche de ce triste podium avec des majorations brutales de 10,7 %. Troisième mauvais élève cette année-là, le groupe Malakoff Humanis a gonflé certaines factures de 8,1 %. Avec + 2,7 %, la Macif apparaissait comme exemplaire. Sauf que… la mutuelle avait annoncé haut et fort pour 2020 un gel des tarifs.

Ces fortes différences entre acteurs exerçant dans un même environnement, subissant les mêmes évolutions et variations pose question. Si c'est la situation, la conjoncture qui impose les hausses, pourquoi tant d'hétérogénéité dans les trajectoires tarifaires ?

Alors, vraiment soucieuses des deniers des assurés, les mutuelles ?

6

Tout ça pour 13,4 % ?

Nous dépensons donc beaucoup pour notre mutuelle, et nous dépensons toujours plus. Mais pour quoi ? Que rapporte cet effort incessant ?

L'ACPR, le gendarme du secteur banque-assurance qui collecte pour le compte de l'État les données financières des mutuelles et autres assureurs, a calculé que sur les 38,4 milliards d'euros collectés en 2019, les complémentaires santé en ont reversé 30,3 aux assurés sous forme de remboursements et de prises en charge. Première surprise : 8,1 milliards d'euros se sont volatilisés au passage, que sont-ils devenus ? Nous y reviendrons.

Seconde surprise, ces 30,3 milliards n'ont représenté que 13,4 % des dépenses de santé des assurés. Un chiffre stable depuis plus de dix ans. Une contribution finalement dérisoire comparée aux 79,7 % des frais de santé pris en charge par les caisses d'Assurance maladie obligatoire (CPAM, MSA et régimes spéciaux). Le solde – 6,9 % – est au bout du compte supporté par les seuls assurés. À 13,4 %, il est donc grand temps de relativiser l'importance du rôle des mutuelles.

Avec un système mieux organisé, on pourrait même s'en passer…

PART PAYÉE PAR CHAQUE ACTEUR SUR LA BASE DE 100 € HT DE DÉPENSES

Payeurs des frais de santé	Assurance maladie obligatoire	Complémentaire santé	Patient	Total
TAUX	79,7 %	**13,4 %**	6,9 %	100 %

(Source : ACPR)

D'autant que selon le type de contrat et l'organisme qui vous assure, vous ne serez pas servis de la même manière. Ainsi, les titulaires d'un contrat d'entreprise signé avec une institution de prévoyance perçoivent en retour 90 % de leur cotisation (hors taxe) sous forme de remboursements ou prises en charge, nous disent les données collectées par l'ACPR. Ces contrats sont les plus généreux.

À l'exact opposé, les bénéficiaires de contrats individuels souscrits chez un assureur privé ne peuvent espérer que… 66 %. Concrètement, sur 1 000 euros (HT) cotisés par an, les premiers bénéficieront de 900 euros de prise en charge de leurs frais de santé quand les seconds ne recevront que 660 euros. Qui, dans le grand public, connaît ces données que le matraquage publicitaire s'évertue à éclipser ?

Le pire, c'est que ces différences s'aggravent dans le temps. Deux chiffres suffisent à démontrer cette inégalité croissante : en 2011, le taux moyen de redistribution des contrats collectifs d'entreprises était de 88 % quand celui des contrats individuels n'était déjà plus que de 76 %. Huit ans plus tard, en 2019, le taux de redistribution des premiers avait reculé d'un point, à 87 %, mais celui des contrats individuels avait perdu 4 points, à 72 %. En clair, non seulement on demande aux contrats individuels de renflouer les pertes sur les contrats collectifs, mais en plus on réduit le niveau de leur prise en charge. À ce degré d'injustice, il n'y a pas d'autres mots que « honteuses » pour qualifier ces pratiques cautionnées par les mutuelles.

Évolution qui ne révolte pourtant personne, surtout pas nos dirigeants qui ont voulu la réforme des contrats obligatoires en entreprise. Ils n'allaient tout de même pas admettre leur fourvoiement !

Le recours à cette pratique de compensation a atteint un tel degré de déraison qu'en 2019 les contrats individuels ont permis aux OCAM de dégager 1,2 milliard d'excédents pendant que les contrats collectifs bradés leur faisaient perdre 743 millions d'euros. Sans la pression tarifaire imposée aux contrats individuels, jamais les complémentaires n'auraient pu offrir des tarifs si bas, des contrats à perte, aux salariés du secteur privé qui peuvent donc leur dire merci !

Un inévitable rééquilibrage tarifaire de 20 à 30 %

Avec 743 millions de pertes sur les contrats collectifs en 2019, et sans doute autant en 2020, on peut légitimement dénoncer des pratiques de « dumping », interdites dans le commerce traditionnel. Une stratégie commerciale qui n'est jamais tenable dans la durée. Les bénéficiaires de ces contrats doivent donc s'attendre à un rattrapage rapide, avec des hausses tarifaires de 20 à 30 %, minimum. À ce moment-là, tous les assurés, individuels comme collectifs, seront des perdants de la réforme. Des dindons d'une mauvaise farce.

Dans cette affaire, les mutuelles ne sont pas exemplaires, elles qui, à force de vente à perte pour rester dans la course, ont dilapidé 254 millions d'euros sur les contrats collectifs mais… gagné

612 millions d'euros à force d'augmenter les tarifs des contrats individuels. Le solde est largement positif, mais elles se sont bien gardées de le redistribuer à leurs assurés maltraités.

On peut s'étonner d'ailleurs que le législateur n'ait toujours pas contraint les OCAM à équilibrer les comptes de chacune des deux grandes familles de contrats, histoire de protéger les assurés.

Mais alors, une fois ce constat posé, pourquoi donc les consommateurs jugent-ils encore les mutuelles indispensables ? C'est simple : leurs 13,4 % de participation à nos dépenses de santé se concentrent sur un petit nombre de postes très visibles : lunettes, soins dentaires et audioprothèses. Ensemble, ces trois postes concentrent 37 % de ce que les complémentaires reversent aux assurés, selon la Mutualité française.

Les lunettes, en particulier, pèsent 13 %. Extrêmement bien remboursées, voire exagérément bien au regard d'autres besoins, elles sont devenues un produit d'appel bien… visible, avec une incroyable surenchère entre mutuelles. Et pour cause : 76 % des Français portent des lunettes et tous en porteront un jour… La contribution des OCAM paraît donc, non sans raison sur ces dépenses-là, utile et même indispensable comparée à celle – dérisoire – de l'Assurance maladie obligatoire. Bien joué. Mais depuis la réforme du « 100 % santé », les cartes ont changé. Désormais pris en charge intégralement (si on le souhaite), lunettes, audioprothèses et soins dentaires ne sont plus un enjeu de concurrence. Même s'il peut arriver parfois qu'un patient se retrouve, malgré sa volonté, avec un reste à charge, tous les professionnels de santé concernés, notamment les dentistes et opticiens, ne jouant pas encore à 100% le jeu de la réforme. Pratique qui tend néanmoins à disparaître.

Ça va donc devenir compliqué pour les mutuelles de justifier leur utilité… Surtout quand on ne rembourse que 13,4 % des dépenses des assurés.

Avons-nous toujours besoin d'autant de mutuelles et assureurs en santé ?

7

Inaccessible à un Français sur cinq

Toutes ces hausses, toutes ces pratiques mises bout à bout ont fini par avoir raison du porte-monnaie des Français. Malgré tous les dispositifs empilés, les pansements sur les réformes, on ne peut que constater la persistance de trous importants dans la raquette de notre système d'assurance santé.

Officiellement, depuis 2010 le chiffre est stable : environ 5 % de la population renonce pour raison financière à souscrire une mutuelle santé. Concrètement, ce sont tout de même 3,5 millions de patients ! Un bilan choquant au pays de la « Sécu », et un échec pour nos dirigeants. Les tarifs des mutuelles auraient-ils atteint un point de rupture ? C'est probable, car, malgré les apparences, la situation s'aggrave.

10 000 Français de plus y renoncent chaque année

La stabilité officielle du taux de renoncement, dont se flattent à l'occasion les responsables politiques, cache en réalité une hausse continue des exclus du système. Car la population augmente ! En dix ans elle est passée de 65,3 millions d'habitants à 67,1. Rapporté à 5 %, cela fait 90 000 exclus de plus, quasiment 10 000 par an.

Qui sont ces « renonçants » ? On les trouve dans toute la population. Y compris chez les retraités qui sont pourtant supposés en avoir le plus besoin. 3 % d'entre eux, c'est-à-dire 540 000 si l'on se base sur les données Insee 2021, vivent sans assurance santé.

Mais c'est dans la frange des 16-24 ans que la proportion de renoncements est la plus importante : 7 %, soit 501 000 non couverts. Ils sont presque aussi nombreux dans le groupe des 25-34 ans : 462 000. Pourtant, tous ces jeunes sont aussi confrontés à des besoins de santé. En l'occurrence, 45 % d'entre eux portent des lunettes. Serait-il plus intéressant de se payer ses lunettes que de financer une complémentaire ?

Une enquête du ministère de la Santé a révélé que, en 2017, 30 % des renonçants expliquaient ne pas avoir du tout les moyens de s'assurer. Il s'agit de personnes aux revenus inférieurs à 1 250 euros par mois. Le SMIC, donc.

À côté de ces exclus invisibles, il y a ceux que l'État doit aider à disposer d'une complémentaire. Avec eux, l'accroissement des difficultés d'accès aux mutuelles, les barrières financières, deviennent frappants. Entre 2009 et 2019, le nombre de bénéficiaires de la CMU-C, la Couverture maladie universelle complémentaire, mise en place par l'État en 1999 pour aider les plus modestes, a bondi de… 31 % pour atteindre en 2018 les 5,5 millions de bénéficiaires ! Il ne faut pas oublier non plus le 1,5 million de bénéficiaires de l'ACS (aide à l'acquisition d'une complémentaire santé), sans laquelle ils ne pourraient souscrire à une mutuelle. Depuis 2019, ces deux dispositifs ont été fondus dans la nouvelle Complémentaire santé solidaire qui comptait, fin 2020, pas moins de 7,7 millions de bénéficiaires.

15 millions d'exclus des complémentaires santé concurrentielle

Si l'on additionne ceux qui n'ont pas de mutuelle du tout et ceux qui sont aidés par l'État, alors c'est en réalité plus de 11 millions de personnes en âge de s'assurer qui sont dans l'incapacité d'assumer seules le coût d'une mutuelle santé. Un Français sur cinq ! Énorme.

Mais d'autres chiffres viennent noircir un peu plus ce tableau et souligner l'échec des politiques publiques face aux dérives des mutuelles. « Le renoncement à la complémentaire santé est une tendance qui s'aggrave, écrivait en janvier 2019 l'Argus de l'assurance. La proportion de Français ne bénéficiant pas d'une couverture complémentaire a grimpé l'an dernier à 10 %, contre 7 % l'année précédente et 6 % il y a cinq ans », précisait le journal spécialisé qui s'appuyait sur le baromètre de la Fédération nationale indépendante des mutuelles (FNIM), réalisé avec le cabinet Epsy auprès d'un échantillon de 1 000 personnes. En clair, 6,7 millions de Français ne disposaient d'aucune couverture complémentaire santé en 2018, selon cette étude, ce qui contredit les données officielles. Ajoutés aux 7,7 millions d'inscrits à la Complémentaire santé solidaire, on frôle les 15 millions de Français exclus des mutuelles, plus d'un habitant sur cinq… Un produit de luxe, la mutuelle ?

Ces renoncements sont devenus un vrai sujet d'inquiétude pour nos dirigeants, restés longtemps silencieux face au racket continu des complémentaires. Depuis l'hiver 2018 et la crise des « gilets jaunes », le ton monte dans les ministères et jusqu'à l'Élysée pour dénoncer les pratiques tarifaires des mutuelles et autres assureurs santé. Sans effet, certes. Mais c'est là un signe que la ligne jaune a bel et bien été officiellement franchie.

Autre signe marquant de ce ras-le-bol des Français, l'émergence ces dernières années des « mutuelles de village », en réalité des achats groupés d'assurance santé, initiés ou pilotés par des élus ou responsables locaux, souvent maires, présidents d'association… ulcérés de voir leurs administrés les plus modestes devoir renoncer à une assurance santé complémentaire et, *in fine*, à se soigner. Parmi les derniers exemples en date, la ville de Pézenas (Hérault) a négocié avec une mutuelle spécialisée dans l'assurance des personnes modestes, Mutami, pour permettre à ses administrés ne bénéficiant pas d'un contrat collectif, de pouvoir être couverts pour un prix négocié et « raisonnable » apportant « des garanties minimums », explique le maire de la ville qui vient ainsi gonfler la liste des 2 600 communes françaises ayant mis en place une mutuelle « de village » ou « locale » pour soulager la facture de leurs administrés assurés en individuel.

Valérie Pécresse, à la tête de la région Île-de-France et à l'appétit présidentiel, a récemment annoncé vouloir mettre en place une « mutuelle de région » pour assurer l'égal accès de tous aux soins, celui-là même que les mutuelles ne sont jamais parvenues à offrir. Évidemment politique, cette initiative n'aurait pas lieu d'être si tout allait bien…

Enfin, dernier signe de résistance ou de révolte, une frange non négligeable de la population renonce, par choix cette fois, à souscrire une complémentaire santé. Certains parce qu'ils jugent que la coupe est pleine, d'autres parce qu'ils ont fait leur calcul et le compte n'y est plus.

Désormais un produit de luxe, les mutuelles ?

8

Et maintenant… La « sur-complémentaire » !

Restes à charge encore trop élevés ? À 6,9 % – taux le plus bas du monde –, ça se discute. Mais quoi qu'il en soit, les mutuelles ont déjà la solution : nous assurer toujours plus en jouant sur nos peurs.

Dans un débat organisé en mars 2014, en pleine crise de la protection sociale, par la revue *Alternatives économiques* pour un hors-série « Santé », le discret Étienne Caniard, alors président de la Mutualité française, déclarait ouvertement que « le renforcement de l'intervention de la Sécurité sociale est irréaliste » et prônait, ô surprise ! « un rôle accru des complémentaires santé »… La Sécu a montré depuis qu'elle pouvait s'améliorer, mieux prendre en charge certaines dépenses. Mais le lobbying mutualiste était déjà en marche et ses effets bientôt palpables.

La mise en application de la réforme sur les contrats santé en entreprise a été précédée en 2014 d'une première contrainte que peu d'assurés ont appréciée : un premier plafonnement des remboursements (dépassements d'honoraires, optique...) pour tous les contrats responsables (95 % du marché). Ajouté au fait que bon nombre d'entreprises ont ensuite sélectionné pour leurs salariés un contrat santé basique, moins coûteux/moins couvrant, cette réforme a fait brutalement bondir le reste à charge de nombreux assurés sur certaines dépenses. C'est à se demander si ce plafonnement n'a pas été soufflé à l'oreille de nos dirigeants de passage par des mutuelles en quête perpétuelle de leviers de croissance. Car les mutuelles, qui ont toujours un coup d'avance, avaient déjà une solution à la montée des restes à charge, une réponse qui allait leur ouvrir un nouveau marché, très lucratif celui-là : celui de la « sur-complémentaire ». Quésaco ? Il s'agit d'une assurance santé qui vient... compléter le remboursement versé par la mutuelle qui, elle, complète le remboursement de la Sécurité sociale. Vous suivez ? On venait de poser un troisième étage sur la fusée de l'assurance santé.

Des contrats collectifs insuffisamment couvrants

Une option que les employeurs ont d'autant plus accepté de proposer à leurs salariés qu'ils n'avaient pas à la cofinancer... Habillé avec des services « premium » – dont l'assuré n'a en réalité que rarement besoin –, ce produit d'assurance a un avantage indéniable : il n'est pas assujetti aux contraintes des contrats dits « responsables ». Ce qui lui permet de s'exonérer des plafonds de remboursement. Un argument de poids qui cible les ménages à pouvoir d'achat élevé auxquels il est vendu à prix d'or, le Graal du commerce. Le résultat a probablement dépassé les espérances des mutuelles puisqu'en 2017 déjà les études officielles montraient qu'un quart des bénéficiaires de contrats santé d'entreprise avaient choisi une « option » supplémentaire au contrat de base ou un contrat de « sur-complémentaire » ! 60 % de ces contrats étaient commercialisés par une mutuelle, 30 % par une institution de prévoyance et 10 % par un assureur privé. Et qui est le gagnant dans l'affaire ?…

Cette nouvelle offre juteuse a également trouvé un beau tremplin avec la réforme du « 100 % santé » dite aussi « reste à charge zéro ». Pour assurer le succès financier de cette réforme venue combler les défaillances des mutuelles, il fallait les contraindre à flécher leurs remboursements vers les nouveaux soins intégralement remboursables, notamment les prothèses dentaires et auditives. Le législateur, qui n'a de cesse de réguler, a donc imposé aux contrats « responsables » de nouveaux plafonds d'intervention. Contraintes qui peuvent se défendre, tant certaines mutuelles abusent pour attirer le client (cf. les remboursements de lunettes). Mais contraintes qui ont fait le lit de la sur-complémentaire.

À la fin, les mutuelles ont gagné sur trois tableaux : élargissement de leur champ d'action à tous les salariés du privé, création d'un nouveau marché à haute valeur ajoutée et enfin gain d'image puisque ces produits nouveaux s'appuient, pour prospérer, sur l'insatisfaction des assurés. Et dire que toutes ces réformes ont été votées pour notre bien à tous !

PARTS DE MARCHÉ EN SUR-COMPLÉMENTAIRE CONTRATS LES PLUS SOUSCRITS EN 2016

Type d'organisme sur-complémentaire	Mutuelles	Assureurs privés	Institutions de prévoyance
Part de marché	**60 %**	10 %	30 %

(Source : Drees)

Difficile d'imaginer, cette fois encore, que nos dirigeants n'aient rien vu venir. Seraient-ils complaisants avec les mutuelles qui compensent de plus en plus, et sans protester, évidemment, les défaillances ou insuffisances de notre Sécurité sociale aux moyens contraints ?

L'histoire en tout cas nous dit déjà que, non contente d'avoir créé ou accentué des inégalités, la lourde réforme de 2015 voulue par le gouvernement de François Hollande n'a même pas atteint son but qui était – ne l'oublions pas – d'accroître le taux de couverture des Français en assurance complémentaire santé, ceci pour réduire les renoncements aux soins et le nombre des « sans dents ». Ce taux de couverture, qui était de 95 % en 2012, est aujourd'hui de 95,5 %. Tout ça pour ça, donc. Ou plutôt, tout ça pour qui ?

Pas malines, les mutuelles ?

9

Un cheval de Troie lucratif

Les mutuelles nous l'assurent et nous le répètent pour se défendre : elles gagnent peu d'argent, « l'assurance santé n'est pas rentable ». C'est vrai, en apparence. Quand on se penche sur la rentabilité du secteur de la complémentaire santé, on ne peut qu'admettre la modestie des profits au regard du chiffre d'affaires : 1,2 % de taux de rentabilité en 2019, c'est peu.

462 milliards d'euros d'excédents en 2019, mais potentiellement 2 milliards d'euros de profits

Mais si on étudie un peu plus la question, on constate que, malgré les discours pleurnichards et malgré la violente guerre des prix sur les contrats d'entreprise, la soupe est plutôt bonne au bout du compte. En 2019, les 439 organismes du secteur se sont ainsi partagé 462 millions d'euros après 436 millions en 2018. Partagé, c'est beaucoup dire. Certains, en réalité, affichent des bilans excédentaires bien plus flatteurs que d'autres. Par exemple, 32 millions d'euros en 2019, après 20 millions d'euros en 2018 pour la MGEN, la mutuelle de l'Éducation nationale. Mais il y a mieux : AGMF Prévoyance, du groupe Pasteur mutualité, « la mutuelle de tous les pros de santé », a dégagé 46,8 millions d'euros d'excédents après 19 millions en 2018. Elle est suivie de près par la MAAF, du groupe Covéa, qui affiche une santé de fer avec 42,9 millions d'euros de résultat net en 2019, 2018 ayant déjà rapporté 36,5 millions de bénéfices. Pardon, d'excédents, puisque, on l'oublierait presque, il s'agit de mutuelles à but non lucratif...

En revanche, la guerre des tarifs a fait perdre des plumes aux Institutions de prévoyance. 2019 leur a ainsi coûté 231,4 millions d'euros.

Il faut ici préciser que, sans les contrats collectifs (déficitaires), les complémentaires santé seraient excédentaires de plus d'un milliard d'euros (1,2 milliard d'euros). Et qui peut croire que le déficit sur les contrats collectifs va s'éterniser ? Que les prix vont rester figés ? Depuis 2018, déjà les services du ministère de la Santé constatent sur ce marché des hausses tarifaires régulières plus importantes qu'avant. Comme un avant-goût de rattrapage général.

À l'arrivée, quand ce marché des entreprises deviendra aussi profitable que celui des contrats individuels, l'ensemble du secteur sera en capacité de dégager un excédent de 2,5 milliards. Qui a dit que la santé n'était pas un marché rentable de l'assurance ? Et puis, derrière ces « modestes » excédents, il y a des excédents « cachés » ou plutôt « induits ».

Quand le contrat santé ouvre la porte aux autres contrats

Depuis la réforme de 2015, les mutuelles et assureurs, toujours opportunistes, ont transformé les contrats collectifs d'entreprise en véritable cheval de Troie. Car une fois qu'ils se sont fait ouvrir les portes d'une entreprise au prétexte très social de lui vendre un contrat santé pour ses salariés, ils en profitent pour placer d'autres produits. Notamment, nous l'avons vu, des « sur-complémentaires » mais aussi et surtout des contrats de prévoyance (assurance décès, incapacité, invalidité), des contrats d'épargne salariale, d'assurance vie ou retraite complémentaire. Autant d'activités réputées particulièrement juteuses.

Si donc les mutuelles et autres assureurs font le forcing et dépensent beaucoup en frais d'acquisition, ça n'est pas tant par empathie pour la santé des Français que pour décupler leur chiffre d'affaires global et leur profitabilité. La meilleure des preuves, c'est l'intérêt et les moyens démesurés déployés ces dernières années par les assureurs privés pour s'emparer de ce marché de la santé longtemps dominé par les mutuelles et institutions de prévoyance et désormais jugé stratégique. Un assureur privé ne s'engage jamais sur un marché sans s'être… assuré de sa rentabilité.

Une réforme qui a favorisé neuf complémentaires

Enfin, reconnaissons-le, cette réforme de 2015 a fait des heureux. Elle a permis aux mutuelles, assureurs et institutions de prévoyance d'élargir avec succès leur terrain de chasse à tous les salariés du privé (en attendant les fonctionnaires, en 2022). La Drees, en charge des études et statistiques pour les ministères sociaux, a calculé qu'avec cette réforme les complémentaires, tous acteurs confondus, ont vu leurs recettes augmenter de… 912 millions d'euros en 2017 et leur portefeuille grossir d'un million et demi d'assurés en collectif !

Elle nous apprend aussi que, sur ces 912 millions d'euros de chiffre d'affaires supplémentaire, 900 ont été captés par… neuf organismes seulement ! Et on ne parle là que de l'assurance santé !

C'est ce qui s'appelle un beau levier de croissance, croissance de la concentration. On ne devrait pas tarder à compter les cadavres de cette réforme. Merci, Mme Touraine, pour cette loi généreuse.

Cyniques, les mutuelles ?

10

Un tas d'or ? Quel trésor ?

Au fil du temps, les mutuelles sont devenues des expertes en constructions juridiques, placements financiers et immobiliers. Actions, obligations et participations constituent 80 % de leur patrimoine, selon les données de l'autorité de régulation du secteur. Les avantages fiscaux des holdings, sociétés de groupe, SCI ou fondations, n'ont plus de secrets pour elles. Tout comme la rentabilité des placements, généralement confiés à des sociétés de gestion expertes en optimisation. Certaines mutuelles, toutefois, sont en train de revoir leur stratégie en faveur de la pierre, placement très prisé des assureurs, particulièrement dans les beaux quartiers parisiens où sévit une spéculation sans précédent. Harmonie Mutuelle, par exemple, a décidé en 2018 d'investir 10 % de ses actifs financiers dans des fonds de gestion immobilière, soit 100 millions d'euros, notamment dans le fonds MataCapital. Loin d'être anodins, les placements des OCAM leur ont rapporté en 2019, dans un contexte de rendements financiers atones, la modique somme de 186 millions d'euros.

27,6 milliards d'euros de noisettes

C'est là le produit d'une accumulation impressionnante de « noisettes », comme on dit chez les petits épargnants. Mutuelles et institutions de prévoyance disposent en effet respectivement et officiellement de 15,5 et 12,1 milliards d'euros de fonds propres. Un trésor de guerre de 27,6 milliards d'euros qui ne cesse de grossir. Comparé aux assurances privées (74,9 milliards d'euros), le chiffre peut paraître modeste, mais en réalité celui des assurances provient, dans sa très grande majorité, de l'activité d'assurance vie.

Le magot des mutuelles et institutions de prévoyance est-il légitime ? Et où se cache-t-il ? Aujourd'hui, la très grande majorité des acteurs du secteur de l'assurance est soumise à la réglementation dite « Solvabilité 2 ». Cette réforme européenne qui s'est imposée en 2016 oblige à constituer un minimum de réserves financières pour garantir en toutes circonstances le respect des engagements pris à l'égard des assurés. Il s'agissait alors de préserver les assurés d'une faillite, comme on en a vu dans la banque en 2008.

Cette réglementation, certes contraignante, fut accueillie par un tollé des mutuelles et assureurs qui jugeaient hors de portée l'effort d'épargne demandé. Pourtant, quand cinq ans plus tard on s'intéresse aux fonds propres des complémentaires, on a de belles surprises. Les mutuelles, notamment, se révèlent les plus redoutables pour mettre des noisettes de côté, loin devant les assureurs privés et les IP. Officiellement, elles ont de bonnes raisons : prudentielles. Officieusement…

Dix fois le minimum de réserve obligatoire

Pour avoir le droit d'exercer, les organismes assureurs doivent disposer d'un minimum de fonds propres. Ces planchers de réserve réglementaire, que l'on retrouve sous l'appellation internationale *Minimum Capital Requirement* (MCR), ou capital minimum requis, doivent avoir une valeur égale ou supérieure à la base 100.

Et c'est là qu'apparaît la surprise : en 2019, le MCR moyen de l'ensemble des mutuelles était de… 990 % ! C'est-à-dire près de dix fois le minimum imposé de fonds propres. La MGEN, par exemple, affichait dans ses comptes 2020 un taux de… 855 %. Comme elle, une cinquantaine de mutuelles disposent de réserves au moins cinq fois supérieures au minimum recommandé. Ces fonds propres atteignent en moyenne 722 % pour les IP et 542 % pour les assureurs privés.

Jolis matelas que voilà donc pour les mutuelles, jolis pactoles surtout ! Aurait-on débusqué le fameux « tas d'or », le « trésor de guerre » sur lequel seraient assises les mutuelles qui ont toujours contesté le moindre enrichissement ?

En tout cas, on a maintenant la preuve que ce tas d'or accumulé n'est nullement justifié, ni par les minima réglementaires ni même par les recommandations prudentielles, dépassées de plus de 200 % en moyenne, toujours. D'autant que les fonds propres sont parfois curieusement investis, au point de faire penser parfois aux « danseuses » des riches d'antan.

In vino investas

Ainsi en est-il du vignoble, qui séduit beaucoup de nos dirigeants mutualistes. Le rapport avec la santé ? A priori, plutôt un « anti-rapport », chacun sachant combien les effets de l'alcool peuvent coûter cher aux complémentaires… Oui mais, là, va-t-on nous répliquer, c'est du lourd, du premier choix ! Quelques étiquettes, pour le plaisir.

- La MACSF, 1er assureur des professionnels de santé avec plus d'un million de sociétaires, a ainsi jeté son dévolu sur un domaine de 120 hectares, le Château Lascombes, un margaux 2e cru classé.
- La MAIF, qui assure, elle, les enseignants, se contente d'un margaux 5e cru classé, avec le Château Donzac, domaine de 120 hectares dont elle est seule propriétaire depuis 2014.
- 5e cru classé aussi pour la SMABTP, assureur leader du secteur du BTP, qui a investi dans le château Cantemerle, un haut-médoc bien connu dont le domaine s'étend sur 92 hectares de vignobles.
- Le plus gourmand est sans conteste le groupe AG2R La Mondiale qui possède au moins quatre châteaux dans le Bordelais, tous de l'appellation saint-émilion grand cru classé, acquis, pour les trois derniers, en 2005, 2006 et 2009.
- De son côté Groupama Mutuelle assurance a placé ses billes dans le Haut-Médoc, au château d'Agassac, propriété de « seulement » 43 hectares, mais aussi au château Nalyx, un châteauneuf-du-pape.
- Sans parler d'AXA, multipropriétaire dans le Bordelais de châteaux prestigieux dans les vignobles

de Pauillac, Sauternes, Pomerol... mais aussi en Bourgogne, à Nuit-Saint-Georges...
Pour ne citer que ceux-là. Le trésor ne se trouve pas toujours où on l'attend. *In vino veritas*, la vérité est dans le vin.

Cette épargne conséquente rassure sur l'état de santé de nos complémentaires. Mais sa surimportance illustre en réalité comment, en toute légalité bien sûr, beaucoup de ces organismes à but non lucratif se sont constitués de substantiels bas de laine, y « dissimulant » leurs excédents plutôt que les redistribuant. Une façon aussi de s'afficher moins rentables et donc de préserver l'image généreuse initiale, et de... pouvoir continuer de relever le niveau des cotisations. Un cercle incompréhensible et infernal pour l'assuré.

Mais pourquoi épargner autant, bien au-delà des seuils recommandés ? Quel intérêt pour les assurés dont c'est l'argent ? Proposer une couverture complémentaire santé à tous les Français au prix le plus bas, est-ce que ça ne devrait pas être la priorité absolue de ces organismes ?

Le « déficit piloté », c'est possible

Pendant ce temps, un acteur original a fait, lui, un tout autre choix, c'est le « Régime local » d'Alsace-Moselle. Une complémentaire particulière et vertueuse, à adhésion obligatoire, sur laquelle je reviendrai à la fin de ce livre. Son président, Patrick Heidmann, a bien voulu résumer ici la pratique de son régime gouverné par les représentants des assurés. « Au Régime Local, explique-t-il, cela fait dix ans qu'on n'a pas augmenté notre taux de cotisation. On a même eu recours au “déficit piloté” pour y parvenir, poursuit-il, quand on a rencontré quelques difficultés, on a pris sur nos réserves pour ne pas augmenter les cotisations. C'est un juste retour pour nos assurés. »

CQFD : il est donc possible de ne pas augmenter incessamment les cotisations en puisant à l'occasion dans ses réserves ? Mais pourquoi les mutuelles ne le font-elles pas ? Étrange.

Honnêtes, les mutuelles, quand elles disent ne pas pouvoir faire autrement qu'augmenter leurs tarifs ?

11

Des salaires pas vraiment « responsables »

Le trésor de guerre, incontestable, accumulé par les mutuelles, semble avoir tourné la tête d'un certain nombre de leurs dirigeants. Je veux parler ici de la rémunération des hauts responsables d'organismes répertoriés comme ayant une activité d'assureurs en santé et particulièrement des mutuelles.

En théorie, selon les codes de la Mutualité et de la Sécurité sociale, les administrateurs de mutuelles et d'institutions de prévoyance sont bénévoles. Ils peuvent toutefois percevoir une « indemnité » couvrant les frais générés par leur activité au sein de l'organisme, notamment leurs déplacements, le gîte et le couvert. Toutefois, le président peut par exemple percevoir une indemnité annuelle pour « rémunérer son investissement dans ses fonctions ». Cette gratification doit être votée par le conseil d'administration. S'agissant des directeurs généraux et délégués, c'est une autre affaire. Étant salariés, ils ont droit à une rémunération fixe plus, souvent, une part variable, voire un parachute doré, tous devant être validés par le conseil d'administration.

Pour y voir clair sur les pratiques, il faut aller chercher dans les rapports annuels d'activité. Mais encore faudrait-il qu'ils existent, soient accessibles et transparents sur la question de la rémunération. Comme la publication des rémunérations n'est pas obligatoire, certaines données ne sont connues que parce que des fuites ont été relayées dans la presse.

Exemple très parlant de cette opacité, le groupe VYV, premier acteur mutualiste de l'assurance santé qui affiche un chiffre d'affaires colossal de 10 milliards d'euros. Dans son « Rapport sur la solvabilité et la situation financière » de 2020, au chapitre « Rémunération des dirigeants », on peut déguster ce délicieux euphémisme : « L'assemblée générale a décidé d'allouer une indemnité au président du conseil d'administration ou à un des administrateurs auxquels des attributions permanentes ont été confiées. » Euh, laquelle ? Vous n'en saurez pas plus ! Voilà qui est très éclairant sur les indemnités du président d'alors, Thierry Beaudet, et du directeur général, Stéphane Dedeyan. Voilà qui nous éclaire aussi sur la manière de rémunérer légalement un administrateur qui a par ailleurs un statut de bénévole… Il faut aller chercher dans l'édition 2021 du RSSF de VYV, pour avoir un bout de la réponse : étonnement, cette fois, le groupe nous sert la transparence : « Le montant des rémunérations versées au dirigeant opérationnel s'élève à 725 638 euros pour l'exercice 2020. » Le dirigeant en question, c'est le directeur général, Stéphane Dedeyan, qui a quitté l'entreprise le 28 février 2021, après seulement deux ans à son poste. Très très jolie rémunération donc d'un DG pour un groupe mutualiste qui affichait, fin 2020, un résultat net négatif, de 190 millions d'euros… Surtout, en fouillant bien dans les documents, on peut retrouver sa rémunération de 2019 : « 634 779 euros bruts ». Ce qui signifie que dans le contexte délicat déjà évoqué, et après un an d'ancienneté tout au plus, le directeur général de la jeune VYV a bénéficié d'une rallonge salariale de 90 000 euros ! Peu reconnaissant, il partira un an plus tard.

S'agissant de l'indemnisation du président du groupe, Thierry Beaudet, on n'en saura pas plus, à part peut-être à travers cette petite phrase : « Le montant des indemnités nettes allouées aux élus s'élève à 82 272 euros pour l'exercice 2020. »

Des élus au conseil d'administration qui sont au nombre de trente et tous bénévoles, comme dit plus haut. 82 272 euros, ça commence à faire cher le bénévolat.

1,6 million d'euros par an pour le P-DG de Covéa

Premier constat donc, la transparence n'est pas la règle première. Difficile aussi d'évaluer les rémunérations tant il entre en jeu de composantes : salaire ou indemnités, part variable, jetons de présence, avantages en nature, retraite chapeau, et même « autres rétributions » peut-on lire parfois, sans compter les revenus provenant de filiales ou d'autres entreprises. À ce jeu, certains sont des rois de l'accumulation. Il faut dire que dans ce milieu fermé, comme dans celui des affaires, on se coopte beaucoup. Impossible donc d'être exhaustif, mais les exemples qui suivent sont assez édifiants quant à certaines pratiques payées, rappelons-le, par les assurés et autres sociétaires.

Sur le haut du panier trône Thierry Derez, un homme peu connu du grand public mais dont les rumeurs sur le salaire ont longtemps semé la controverse. Il a fallu attendre une fuite dans le magazine *Marianne* et finalement la publication en 2020 du rapport d'activité de 2019 pour avoir la confirmation que le P-DG de Covéa, la holding aux 11,6 millions de clients qui chapeaute une belle brochette de vraies mutuelles (MMA, MAAF et GMF...), a perçu cette année-là... 1 million 615 000 euros bruts. Une rémunération record qui agace dans le monde feutré des mutuelles où un tel niveau reste, c'est vrai, l'exception. Mais le conseil d'administration de Covéa est très docile. En 2020, Thierry Derez a été sommé de revoir sa gouvernance par l'APCR, le gendarme de l'assurance qui lui reprochait son « excessive concentration des pouvoirs ». Ceci n'a pas empêché le P-DG de poursuivre le rachat peu raisonnable, en 2020, de PartnerRe, société de réassurance sise aux Bermudes, paradis fiscal bien connu, pour la modeste somme de... 8 milliards d'euros ! Un méga deal très critiqué, car à haut risque, cofinancé probablement par les excédents de cotisations des trois millions de sociétaires du groupe assurés en santé. Rien d'illégal à cela.

Si l'assiette est moins grande, la soupe est encore très bonne dans le reste du monde mutualiste. Pour les présidents d'abord. À la tête de la MAIF, Dominique Mahé, lui, ne cache pas sa rémunération annuelle de 418 000 euros bruts, fruit d'un « benchmark du secteur », justifiait-il en 2015, après sa prise de fonction. Président de la MACIF jusqu'en 2019, Alain Montarant, percevait 260 000 euros d'indemnités avant de démissionner. Ce montant, révélé par *Le Canard enchaîné*, avait aussitôt fait polémique, car il était la conséquence d'une augmentation soudaine de… 100 000 euros votée par le conseil d'administration. En toute indépendance ? Pour être complet, il faut ajouter à sa modeste rétribution 121 000 euros d'indemnité perçue en sa qualité de président d'une filiale de la MACIF, OFI Asset Management, soit au bout du compte un bon matelas de 381 000 euros.

Son confrère Jean-Yves Dagès, qui préside la Fédération nationale de Groupama, est en apparence plus modeste et se contente, d'après l'Argus de l'assurance (car les rapports d'activité en ligne n'indiquent pas de montants chiffrés), de 294 415 euros. Tout de même.

D'autres exercent pour beaucoup moins. Par exemple, Thierry Beaudet, émargeait à 156 000 euros lorsqu'il présidait, jusqu'en 2017, la MGEN, selon *La tribune de l'assurance*.

Mais il y a plus vertueux. Le rapport d'activité 2019 de la Mutuelle nationale territoriale, MNT, indique qu'Alain Gianazza, agent territorial de son état, rempli bénévolement ses fonctions de président. Il reçoit toutefois, sur décision du conseil d'administration de 2019, une « indemnité » de... 14 400 euros nets par an.

Arrêtons-nous un instant à mi-chemin entre les présidents et directeurs généraux, sur le bien connu Daniel Havis, ex-P-DG de la Matmut qu'il a dirigée durant vingt-six ans, son épouse Élisabeth occupant le bureau voisin de directrice générale adjointe. Difficile de trouver des données dans les rapports d'activité de la mutuelle rouennaise, mais Daniel Havis, devenu en mai 2021, vice-président de la Fédération nationale de la Mutualité française (entre autres titres) s'était lâché dans une interview à *L'Express* de 2014, déclarant qu'il percevait, à l'époque, en tant que P-DG de la Matmut, 450 000 euros par an. On comprend mieux comment ce passionné de rugby et de sports automobiles a pu se constituer une collection personnelle de huit Porsche. Collection qui a contribué à sa notoriété, bien malgré lui, et une marque qu'il apprécie tellement que les hauts cadres du groupe ont reçu comme voiture de fonction un Porsche Cayenne (gros SUV vendu 68 000 euros à l'époque), sous les yeux agacés des syndicats maison, dont Solidaires qui tentait de négocier des hausses de salaires.

Si les présidents des mutuelles peuvent se montrer gourmands, les directeurs opérationnels, eux, sont encore moins regardants à la dépense quand il s'agit de leurs salaire et avantages.

Des directeurs généraux en or... massif

Parmi ceux qui ont ainsi trouvé leur Eldorado dans le monde mutualiste, le directeur général de Groupama. Sans état d'âme, mais avec l'aval du conseil d'administration, Thierry Martel facture ses services 1,247 million d'euros bruts par an (2017) !

Derrière le coûteux et furtif DG de VYV (voir plus haut), on trouve son alter ego de la MAIF, Pascal Demurger, rémunéré 641 000 euros bruts en 2018, selon le dernier rapport financier accessible. Une rétribution qui avait, elle aussi, littéralement explosée : + 50 % par rapport aux données publiées en 2014 (420 000 euros).

À côté d'eux, l'ex-DG de la Macif, Jean-Marc Raby, semblait un gagne-petit avec les 505 000 euros perçus avant sa démission en 2019. La MACIF est d'ailleurs un employeur plutôt généreux, même avec ses directeurs généraux délégués, dont deux au moins perçoivent autour de 400 000 euros chacun par an.

Certes, on se goinfre moins au sein de la Mutualité que dans le secteur privé, comme chez AXA, fondée par l'iconique millionnaire de l'assurance Claude Bébéar. La compagnie privée n'hésite pas à payer son directeur général actuel, Thomas Buberl, 4,6 millions d'euros bruts par an !

Heureusement, la plupart des dirigeants de mutuelles sont raisonnables. Mais sauront-ils résister longtemps à l'appel du Dieu benchmark ?

À propos de benchmark justement, il est intéressant de rappeler que le président de la République, Emmanuel Macron, émarge à 182 000 euros bruts par an et son ministre de la Santé, Olivier Véran, à 119 000 euros, auxquels s'ajoutent quelques menus avantages en nature. Des fonctions connues pour ne pas ménager leur titulaire.

On attendait beaucoup mieux que cette indécence salariale de la part d'organismes qui s'affichent à la moindre occasion chantres de la solidarité. Il serait d'ailleurs intéressant d'avoir l'avis des clients de base du groupe Covéa ou de Groupama sur la rémunération des dirigeants de leur mutuelle santé.

Tant de zéros, en tout cas, finissent par donner le tournis pour ne pas dire la nausée. Comment de telles pratiques ont-elles pu faire leur nid dans le monde de l'économie solidaire et responsable ? La réponse, Dominique Mahé, président de la MACIF, l'a donnée en évoquant entre les lignes le besoin égocentrique de s'aligner sur la concurrence. Qui aura la plus grosse (rémunération, bien sûr) ? Une course à l'échalote, sans garde-fou.

Sans passer au crible l'ensemble des salaires du secteur, arrêtons-nous sur une qualification particulière et peu connue du grand public dont nous avons parlé : les actuaires. L'efficacité et l'utilité de ces forts en statistiques que l'on retrouve dans tout le secteur de l'assurance et de la banque, est telle que bien que n'ayant besoin que d'un bac + 2 pour se faire embaucher, en 2020 ils débutent leur carrière avec un salaire moyen de 45 000 euros bruts par an, selon les spécialistes de l'emploi (Glassdoor, RégionsJob, Cidj) et le cabinet Michael Page, expert en recrutement. Des salaires qui s'envolent très vite, « parfois de 10 % par an », avec un revenu moyen annuel de 72 000 euros bruts. Le cynique, c'est que les salaires de ces collaborateurs sont financés par ceux qu'ils vont s'évertuer à faire payer le maximum : les assurés.

On le voit, au fil du temps la morale mutualiste s'est laissée dévoyer sans broncher. Passant d'un dispositif simple et uniforme de solidarité à un système de risque individualisé avec, en plus, sélection par l'argent à l'entrée et gros salaires à l'arrivée.

Quelle différence entre un assureur privé et une mutuelle,* in fine *?

12

Le syndrome du myope

Profondément ancrée, la confiance des assurés dans les mutuelles a commencé à s'émousser au fur et à mesure que les pratiques peu compatibles avec l'esprit mutualiste sont apparues au grand jour. Les salaires des dirigeants en sont une, mais c'est surtout la hausse exagérée des cotisations, la gestion contestable des deniers des assurés, la mauvaise foi des mutuelles face à la légitime demande de l'État de rendre l'argent non dépensé pendant la pandémie, qui sont à l'origine d'un début de défiance.

Le taux de satisfaction à l'égard des mutuelles a longtemps flirté entre 80 et 95 %, selon l'âge de l'assuré sondé et les thèmes abordés : délais de remboursement, disponibilité, niveau de prise en charge… Une étude a même montré en 2005 que, pour que les assurés changent de mutuelle, « il faudrait que leur cotisation augmente brutalement de 20 % ». Un vrai compliment.

Mais un rapport de l'Inspection générale des affaires sociales consacré aux complémentaires santé commençait à relativiser en 2009 cet enthousiasme des sondages. « La satisfaction des assurés à l'égard de leur complémentaire santé doit être tempérée par leur relative myopie sur le fonctionnement et les missions des organismes complémentaires », peut-on lire, non sans sourire, dans la synthèse du rapport. Plus loin, les inspecteurs de l'IGAS poussent leur pion : « Cette satisfaction masque une méconnaissance des dépenses de santé et des risques de reste à charge. En particulier, les Français sous-estiment la part des dépenses des régimes de base et surestiment celle des complémentaires. » Selon leur étude, « une forte proportion (de Français) s'estime mal informée sur le coût des soins et la prise en charge. Il en résulte que peu conduisent une analyse comparative des différentes offres ». Enfin, l'IGAS dénonce sans détour des contrats « si disparates que la comparaison à partir des documents commerciaux est difficile, voire impossible, d'autant plus que les offres s'appuient sur un vocabulaire peu accessible et parfois équivoque »... Tout est dit. Nous payons à l'aveugle et nous souffrons, il est vrai, de myopie organisée.

Dix ans plus tard, les Français commencent

tout de même à y voir plus clair. Mais certains doutent encore ou ne veulent pas croire à la trahison. Quelques questions simples suffisent pourtant à lever le voile sur une insupportable imposture, puisqu'elle touche à un secteur sensible : la santé. NOTRE santé. Par exemple : avons-nous tous pu choisir librement notre mutuelle ? Notre niveau de couverture ? Avons-nous été en capacité de comparer les offres avant de signer ? Savons-nous précisément combien nous coûte cette chère couverture santé complémentaire ? Connaissons-nous le montant et la date de la dernière hausse tarifaire ? Avons-nous une idée précise du montant qui nous sera remboursé en cas d'achat de lunettes, de soins dentaires, de médicaments, de consultation d'un spécialiste, d'hospitalisation… ? Sommes-nous sûrs que notre mutuelle est la mieux adaptée à nos besoins ? Que nous payons un juste prix ? La réponse à ces questions, nous la connaissons tous, pour la majorité des assurés, c'est : NON.

Si nous en sommes encore à considérer les mutuelles comme indispensables au même titre que la Sécu, c'est que nous avons été bernés, aveuglés pour le dire autrement que l'IGAS. Et pour nous tromper, les mutuelles ont trouvé un moyen très efficace : elles ont dressé des murs d'opacité derrière des murs de publicité et de communication intensive.

Savez-vous si votre mutuelle est bien gérée ? Combien sont rémunérés ses dirigeants ? Quels choix elle fait ou ne fait pas en matière de – vraie – solidarité ? Où elle place son – votre – argent ? L'importance de son patrimoine, sa rentabilité, la qualité de ses services ? Non, encore non. Et pour cause, de nombreuses complémentaires santé diffusent les informations importantes au compte-gouttes, et quand des documents sont publiés, ce ne sont que propagande, autosatisfaction et autopromotion des dirigeants en place. Cette résistance à la transparence, longtemps tolérée par nos dirigeants, en est devenue suspecte et va à l'encontre d'un droit légitime à l'information.

Des contrats illisibles

La myopie, c'est d'abord celle qui naît de l'illisibilité des contrats. Sous la pression persistante des associations de consommateurs et celle, tardive, du ministère de la Santé, les fédérations de complémentaires santé ont consenti à s'engager, le 14 février 2019, à rendre leurs contrats plus lisibles et comparables en standardisant la présentation et en donnant des exemples concrets, en euros. C'était donc possible ?...

On ne parle pas là d'un mince problème, car pour décrypter les garanties d'un contrat il faut être aguerri au jargon assurantiel. Qui, en effet, sait ce qu'est un médecin adhérent Optam ? Un remboursement dans la limite du PLV ? Qui est capable de comprendre ce que signifie dans un contrat une couverture des frais dentaires, optiques, ou d'hospitalisation « à hauteur de 200 % de la BRSS » ou « 100 % de la BDR », comme c'est souvent formulé de manière trompeuse ? Car, contrairement aux apparences, cela ne signifie pas que la dépense sera remboursée à 100 ou 200 %. Ni même que la complémentaire va contribuer à égalité avec l'assurance maladie ou doubler la mise. En réalité, cette promesse de « 100 % », par exemple, signifie qu'ajoutée à la part remboursée par la Sécu, la contribution de la mutuelle vous permettra de recevoir 100 %... de la base de remboursement. BDR qui renvoie à un tarif réglementaire, souvent déconnecté de la réalité des prix payés par les assurés. Rien à voir au final avec ce que laisse entendre la présentation déloyale des remboursements par les complémentaires. Ça n'est pas un hasard si, lorsque vous allez chez un opticien, celui-ci se propose toujours d'appeler votre mutuelle pour vous indiquer le remboursement maximum (et en euros !) auquel vous êtes éligibles pour vos futures lunettes.

Où en est-on de cette opacité des contrats ? Fin mars 2021, l'Unocam (Union nationale des organismes complémentaires d'assurance maladie), qui représente les trois fédérations d'acteurs du marché, publiait un bilan après avoir interrogé ses adhérents, sans rien contrôler. Et, surprise : tout va mieux, paraît-il. Sauf que, deux ans après la promesse, nous dit tout de même l'Unocam entre les lignes, 17 % des assurés n'avaient toujours pas accès à des exemples de remboursements en euros (second engagement). Exemples pourtant faciles à mettre en œuvre quand on est maître ès calculs du risque. Et parmi les acteurs qui se sont finalement exécutés, tous ne comparent pas en euros la même chose et les exemples restent souvent parcimonieux. La comparaison saine et sereine n'est donc pas pour demain. Sans compter les cas de mutuelles et assureurs qui rédigent certains articles de contrat en caractères microscopiques. D'autres, comme la Smartis, noient l'information dans une offre de contrat de… 68 pages ! Qui lit cela ?

Enfin, que dire de l'inintelligibilité persistante des tarifs, dont personne n'a encore saisi la formule magique qui prévaut à leur détermination ? Pourtant, l'assuré ne demande qu'à y voir plus clair.

Vraiment aveugles, les mutuelles ?

13

La mutuelle, un service à 31 683 euros !

Nous payons beaucoup, et de plus en plus. Sans vraiment comprendre pour quoi. Pour quel service.

Les mutuelles nous expliquent qu'il n'y a pas de raison de protester, car les Français sont les mieux lotis du monde avec un reste à charge – après remboursements de l'Assurance maladie obligatoire et de la mutuelle – égal à 6,9 % des dépenses engagées (chiffre 2019). C'est exact. Ce chiffre est même en baisse régulière (il était de 8,3 % en 2016 et de 7,1 % en 2018), mais ça n'est pas grâce aux complémentaires. La Direction des études du ministère a constaté en effet que ce recul de la part restant à la charge des patients est dû avant tout à trois causes : une hausse des remboursements de médicaments par l'Assurance maladie, le ralentissement des dépassements d'honoraires et la hausse continue des prises en charge à 100 % [des affections longue durée principalement] par la même Assurance maladie. C'est là une mise au point importante, car beaucoup de mutuelles mettent ce taux record en avant comme s'il était le fruit de leur intervention. En réalité, depuis plus de dix ans, la participation des complémentaires santé à nos dépenses est la même : autour de 13 % à 14 %. Pas plus.

Selon le « Panorama des dépenses de santé » du ministère de la Santé, paru en 2020, la consommation moyenne de soins et biens médicaux (hospitalisation, soins de ville, médicaments, lunettes, soins dentaires, transports sanitaires...) s'élève à 3 109 euros par an et par habitant. Sur cette somme, l'Assurance maladie obligatoire prend à sa charge la plus grosse part : 78,2 %, ce qui représente 2 431 euros. L'État, intervient aussi, à hauteur de 1,5 %, via ses aides et dispositifs solidaires, soit 47 euros par habitant. Reste la contribution des mutuelles (13,4 %) dont la participation moyenne est de 417 euros par an et par habitant.

Ce calcul est intéressant si on le rapporte au coût d'une mutuelle. Rappelez-vous : 880 euros par an en moyenne pour un contrat individuel, selon l'étude fine du site lesfurets.fr citée précédemment.

Vu ainsi, comment ne pas en déduire qu'il est plus rentable, beaucoup plus rentable même pour un patient de payer de sa poche la participation de la complémentaire – 417 euros par an – plutôt que de souscrire un contrat qui lui sera facturé 880 euros. L'économie lui permettra même de couvrir son reste à charge de 214,50 euros (6,9 %) et d'être encore bénéficiaire, de 248 euros.

« En fait, les mutuelles nous font payer très cher le fait qu'elles ne sont que des organismes de crédit qui nous avancent nos frais de santé, elles ne sont rien d'autre », analyse et résume le député LREM du Val-d'Oise, Dominique Da Silva.

Mais comment est-il possible de ne pas s'assurer, de couvrir l'ensemble du reste à charge et de gagner tout de même de l'argent ? vous demandez-vous. Le calcul est simple : renoncer à toute complémentaire santé c'est économiser – au minimum – à la fois les frais de gestion de la mutuelle (21,1 % en 2019) plus la taxe sur les contrats de santé (13,27 %). C'est-à-dire, pour un contrat facturé par exemple 880 euros par an, 185,70 euros de frais de gestion et 116,80 euros de taxes, soit un total de 302,50 euros d'économies minimum par année.

Au passage, d'ailleurs, si nous devions payer de notre poche l'ensemble du ticket modérateur (la part non prise en charge par l'Assurance maladie obligatoire), peut-être serions-nous plus regardants quant à notre propre consommation de soins…

Allusion notamment aux consultations et examens inutiles, redondants ou abusifs, aux 10 000 tonnes de médicaments achetés chaque année et non consommés, selon l'association Alcimed chargée de les récupérer...

Prendre une complémentaire, c'est jeter 31 623 euros par la fenêtre

L'idée de renoncer à prendre une complémentaire santé fait toujours paniquer mes interlocuteurs. En fait, il faut raisonner à l'échelle d'une vie pour en mesurer l'intérêt. Prenons par exemple un assuré qui a payé sa mutuelle 100 euros TTC par mois en moyenne lissée durant 50 ans. Au bout du compte cet assuré aura déboursé 60 000 euros. Sa mutuelle, qui prélève 21 % de frais de gestion n'aura pris en charge que 41 110 euros de ses frais de santé :

60 000 euros de cotisations
– 7 962 euros de taxe (13,27 %)
– 10 928 euros de frais de gestion (21 %)
= 41 110 euros disponibles pour rembourser les soins.

Si cette personne avait renoncé à s'assurer mais que, prudente, elle avait placé chaque mois, durant 50 ans, 100 euros sur un compte épargne, elle aurait alors disposé pour financer ses frais de santé de 60 000 euros nets PLUS les intérêts accumulés. Placée sur un livret rémunéré à 0,75 %, cette épargne lui aurait rapporté 12 618 euros d'intérêts « composés ».

Ainsi, à effort égal (100 euros/mois), dans le premier cas notre patient assuré peut espérer bénéficier d'une prise en charge totale de 41 110 euros par sa mutuelle alors que notre patient non assuré mais épargnant dispose de 72 618 euros pour financer son reste à charge, soit 31 683 euros de plus… Les mutuelles n'apparaissent donc finalement que comme de vulgaires et coûteux organismes de crédit.

Petit bonus de confort : en renonçant à s'assurer, le patient met fin aux contraintes et retrouve toute sa liberté : celle de choisir son médecin, de lui régler d'éventuels dépassements d'honoraires, de consulter en dehors d'un réseau de soins, de choisir des lunettes ou prothèses dentaires sans contraintes, ou une chambre individuelle avec TV à l'hôpital…

Déployée progressivement depuis 2019, la réforme dite « 100 % santé » vient bouleverser un peu plus encore la rentabilité d'une mutuelle. Pleinement appliqué depuis le 1er janvier 2021, ce dispositif permet aux patients de s'équiper en lunettes, de s'offrir des prothèses dentaires et des aides auditives sans qu'il leur en coûte un euro, pourvu qu'ils choisissent ces prestations dans le panier « 100 % santé ». Cette réforme – c'est sa vocation – doit se traduire par une baisse globale de la facture des soins, puisque des réductions de tarifs ont été négociées voire imposées aux professionnels et industriels de toutes les chaînes concernées. Réductions de prix qui impactent le reste à charge des ménages. Argument de plus pour ceux qui, par pur calcul, ne font pas appel aux mutuelles.

Vraiment un bon plan, les mutuelles santé ?

14

Premiers revers

Tant d'opacité et tant de mauvaise volonté à faire simple et clair ont fini par agacer – aussi – le législateur qui a – enfin ! – décidé de donner, malgré un impressionnant lobbying, un bon coup de pied dans cet entre-soi. Deux réformes de 2020 sur les contrats d'assurance santé ont permis de faire sauter les premiers verrous rendant une certaine liberté d'action et de choix aux consommateurs.

Résiliation : le retour de manivelle

Jusque-là, pour résilier son contrat de mutuelle, il fallait savoir l'anticiper, écrire souvent en recommandé, deux mois avant la date anniversaire du contrat, parfois justifier, faute de quoi c'était reparti pour un an, sous tacite reconduction. De vrais contrats-prison. Depuis le 1er décembre

2020, le titulaire d'un contrat individuel, mais aussi l'entreprise signataire d'une assurance santé de groupe, sont enfin en droit, sans motif ni frais, de changer de mutuelle quand ils le souhaitent, dès lors que le premier anniversaire du contrat est passé. Un outil essentiel (mais pas suffisant) pour pouvoir faire jouer la concurrence, but affiché de cette réforme qui ne concerne, hélas, que l'ensemble des contrats signés depuis 2014. Mais c'est déjà ça. Selon les députés promoteurs de ce déverrouillage, le bénéfice de cette remise en concurrence peut rapporter un milliard d'euros par an en baisses de cotisations.

« À l'époque, se souvient le député LREM du Val-d'Oise, Dominique Da Silva, rapporteur de la proposition de projet de loi, tout le monde de l'assurance et des mutuelles s'était ligué contre le texte, prédisant des hausses de tarifs pour les assurés. C'était un peu chaud ! » Mais il n'a pas abandonné : « J'ai expliqué que la catastrophe annoncée, surtout par les mutuelles, n'aurait pas lieu, comme elle ne s'était pas produite quand cette résiliation infra-annuelle a été mise en place pour l'assurance automobile ou habitation. J'ai expliqué que cette réforme avait vocation à mettre fin aux abus, qui existent, et que les pratiques vertueuses seraient récompensées. Quelques assureurs et institutions de prévoyance ont fini par se rallier. » Depuis, la loi est passée, et l'assuré prisonnier partiellement libéré.

Enfin les taux ! Pas trop tôt…

Mais pour choisir de façon éclairée sa nouvelle mutuelle, encore fallait-il disposer d'outils d'aide à la décision. C'est le second verrou à avoir sauté. Depuis le 1er septembre 2020, les assurés ont enfin accès à une information capitale : le « taux de redistribution » des mutuelles. Il s'agit du ratio entre les cotisations perçues par la mutuelle et les prestations qu'elle a versées l'année précédente. Un chiffre qui permet de mesurer l'importance des frais de gestion prélevés au passage. Et quand on voit les différences de générosité entre les acteurs, on mesure l'importance de cet indicateur.

Le législateur a donc obligé tous les organismes d'assurance complémentaire – mutuelles, institutions de prévoyance et assureurs privés – à fournir cette donnée clé lors de l'établissement d'un devis et de l'indiquer sur chaque appel annuel de cotisation ou prime. Une réelle avancée à laquelle assureurs et mutuelles ont tenté vigoureusement de faire obstruction. Une vraie contrainte de transparence qu'il faut maintenant faire respecter… Pas gagné.

L'UFC-Que Choisir a testé, dès octobre 2020, les 29 plus gros acteurs du marché pour vérifier qu'ils publiaient bien leurs taux de frais de gestion et leur taux de redistribution lors de chaque demande de devis. Une étude qui a mis en lumière d'incroyables disparités de comportement.

Les données ainsi collectées révèlent soit un vaste mensonge, soit un vrai scandale. Ou les deux. Selon l'UFC, donc, la plus généreuse est une mutuelle, et elle est même très généreuse. Mutuelle du bâtiment et des travaux publics couvrant 2,9 millions de personnes en santé, ProBTP reverse 88,4 % de l'ensemble des cotisations (hors taxe) perçues. Ses frais de gestion ne sont donc que de 11,6 % ! En 2e place figure la MGEFI, initialement mutuelle de la fonction publique et des finances, devenue généraliste. Elle, ne prélève que 15,3 % de frais de gestion à ses 270 000 adhérents. Ce qui ne l'a pas empêchée de dégager de jolis profits : 3,5 millions d'euros en 2019 selon ses propres données.

À l'autre bout du tableau, dix grands noms du secteur qui facturent… 28 % de frais de gestion et plus ! C'est le cas par exemple de Groupama (28,7 %), de SwissLife (28,8 %), de la MACIF (29 %), de MMA (29,2 %) et d'AG2R La Mondiale (29,5 %). Mais il y a pire. Le trio de queue, MAAF, Smatis et Intériale dépassent la barre des 30 % de frais de gestion, a constaté sur pièce l'UFC. Intériale, plus mauvais élève, ne reverse à ses 450 000 adhérents, agents des services publics, que 69 sur 100 euros hors taxes collectés. Effrayant !

À l'abri derrière leur mur d'opacité, les mutuelles ont trouvé la parade à la nouvelle contrainte de transparence, puisqu'elles y ont droit : elles fournissent leur taux moyen global. Or, le taux de redistribution varie – et pas qu'un peu – selon le contrat : collectif ou individuel, récent ou ancien, profil de ses souscripteurs, niveaux de garanties prévus… Bref, ce ratio est différent pour chaque contrat et il en existe des milliers en circulation ! C'est ce qui s'appelle noyer le poisson. Positivons et reconnaissons que la publication de cet indicateur-boussole ne peut qu'inciter les mutuelles à s'améliorer. C'est d'ailleurs la finalité revendiquée par le député de Paris Gilles Le Gendre (LREM), auteur de la proposition de loi, qui déclarait lors des débats, en juillet 2019 : « Le renforcement de la concurrence va inciter les complémentaires à diminuer les primes, notamment en réduisant leurs frais de fonctionnement, afin d'attirer ou de garder des assurés. » Bénéfique, le renforcement de la concurrence ? C'est peu probable, on l'a vu avec les contrats collectifs : ça fini par de la casse.

Le renforcement de la transparence, en revanche, peut avoir un réel effet vertueux.

C'est donc maintenant clair : la guerre est bel et bien déclarée entre complémentaires et autorités (actuelles, au moins). Pendant des années, semble dire aux mutuelles la majorité présidentielle de 2020, vous avez refusé de faire des efforts sur vos dépenses de fonctionnement, on va donc vous y contraindre. Comme une déclaration de désamour.

DEUXIÈME PARTIE

15

Au royaume de la fake news

Pour se défendre, les mutuelles aiment à rappeler régulièrement l'accumulation des taxes imposées par les gouvernements successifs. Qu'en est-il ?

Cette fiscalité est actuellement de 13,27 % sur les contrats dits « responsables » (95 % du marché) et de 20,27 % pour les autres contrats. Des taxes qui existaient déjà il y a dix ans puisque la dernière modification importante, pour ne pas dire trituration fiscale des contrats santé, remonte au gouvernement Fillon et à la Loi de financement de la Sécurité sociale votée en décembre 2010, applicable en 2011. Cette année-là, le législateur a décidé d'étendre la Taxe spéciale sur les conventions d'assurances (TSCA), de 7 %, aux « contrats responsables » des mutuelles qui en étaient jusque-là exonérées. Il en a profité pour fusionner cette taxe avec la Taxe de solidarité additionnelle (TSA), une

« contribution » créée en 1999 pour financer la CMU et la CMU-C, et dont il a augmenté au passage le taux de 5,9 % à 6,27 %. C'est ainsi que depuis 2011, tous les contrats responsables sont imposés à 13,27 %. Ces deux taxes, fusionnées en 2015, ont été intégralement et systématiquement répercutées sur les assurés, et donc sur le prix des contrats, mais ne font pas partie des « frais de gestion ». Après la loi Évin, cette sur-fiscalisation est sans doute le second faux pas historique des gouvernements imposé au secteur de la complémentaire santé, particulièrement aux mutuelles qui y ont perdu leur particularisme, leur avantage concurrentiel. Dès lors, toutes les dérives étaient permises.

Depuis 2011 en revanche, mis à part une petite contribution temporaire de 0,8 % réclamée en 2019 et 2020 pour financer le nouveau Forfait patientèle des médecins – le monde de la mutuelle santé n'a plus connu de tempête fiscale. Rien qui puisse justifier les récentes dérives tarifaires.

Il est donc tout à fait illégitime de prétexter aujourd'hui encore du poids des taxes pour justifier les dernières hausses ; cette fiscalisation des contrats a été « absorbée » et digérée par les seuls assurés, depuis longtemps.

Les mutuelles ont d'autres arguments en stock

pour toujours justifier leur politique de racket, disons-le, puisque les assurés n'ont plus le choix de s'y opposer quand ils sont salariés.

4 % de hausse de tarif en 2019 mais des prestations inchangées

En 2019, les mutuelles ont justifié l'envolée de 4 % des cotisations par la nécessité de répercuter le surcoût de la réforme du reste à charge zéro, dite « 100 % santé ». Or, pour cette première année de mise en application progressive, l'impact de cette réforme n'était que de 0,14 % du chiffre d'affaires, a rappelé Agnès Buzyn. Surcoût indolore.

La Drees, qui scrute le marché à la loupe pour le compte du ministère de la Santé, a d'ailleurs confirmé les propos de l'ex-ministre de la Santé, puisque, selon son rapport de 2020 sur la santé du secteur, « les prestations versées par les organismes complémentaires sur le champ des soins et biens médicaux reste stable en 2019, première année du 100 % santé ». Tout est dit. Quelques semaines plus tard, certaines mutuelles battront leur coulpe. Peu rembourseront les assurés.

En 2021, les OCAM ont expliqué cette fois avoir été contraints de répercuter la nouvelle « taxe Covid », prélevée par l'État. Encore un flagrant délit de mensonge ! (voir le chapitre La dernière trahison). Pire, l'UFC-Que Choisir a observé pour 2021 des dérives tarifaires totalement déconnectées de la taxe : de + 3 à + 12 % selon les contrats. Alain Bazot, président de l'UFC-Que Choisir, n'a aucun doute : « 30 % de la hausse des cotisations a servi à alimenter les profits des complémentaires santé ».

Pour tenter de justifier cette étrange et constante variabilité des hausses, une cadre d'une des plus grandes mutuelles a tenu à s'expliquer. Voici en substance son propos, qui remonte au printemps 2020 : « Certains de nos contrats sont anciens et leurs souscripteurs ont vieilli ; ils consomment donc de plus en plus de soins et contribuent ainsi à déséquilibrer financièrement le contrat. Or, assure mon interlocutrice, nous sommes tenus d'équilibrer les recettes et dépenses de chacun de nos contrats. Nous devons donc parfois augmenter de façon importante les cotisations de contrats que nous n'avions pas vus se déséquilibrer ou que nous avons tardé à rééquilibrer. » Bonnes gestionnaires, les mutuelles ?... Plus tard, le responsable-fondateur d'une néo-mutuelle auquel j'exposais cette explication, m'a répliqué en souriant : « C'est pipeau ! C'est l'assureur qui détermine le périmètre de son contrat, libre à lui de l'ouvrir à d'autres profils d'assurés pour maintenir son équilibre. » CQFD !

Mensonge, donc, encore.

Après un tel cumul de fake news, comment ne pas désespérer des déclarations de Thierry Beaudet, alors patron de la Mutualité française, en janvier 2017, dans *Les Échos* : « Les mutualistes n'ont pas à faire de mea culpa » ? Vraiment ?

On aurait préféré un discours de vérité, qu'on nous dise : « Nous, les mutuelles, sommes confrontées à une concurrence féroce, à des pratiques lucratives qui nous étaient étrangères et nous sommes obligées de nous aligner, question de survie. » On aurait aimé entendre : « On va remédier à la dérive des frais de gestion » et « On va cesser de vous mentir ». On aurait alors pu commencer à comprendre, à pardonner. Au lieu de cela, la Mutualité continue de prendre l'assuré pour un benêt.

Sensibles aux intérêts de leurs assurés, les mutuelles ?

16

Le racket permanent

Tous ces tarifs élevés, ces augmentations fortes et incessantes, toutes imposées et souvent impossible à refuser, sont-ils vraiment justifiés, comme le clament les fédérations de complémentaires santé ? Pour le savoir, jetons un œil sur les quinze dernières années. Entre 2006 et 2022, la facture de la complémentaire santé des Français s'est envolée de 72,5 %, si l'on extrapole le taux de 3,7 % avancé par la Mutualité française – juge et partie – et même de 85,4 % si l'on préfère retenir la moyenne de 4,2 % avancée par la très sérieuse Drees. Pendant ce temps, selon l'Insee, l'inflation s'est limitée à 16,6 %. La justification de la hausse ne se trouve donc pas de ce côté-là. L'évolution des tarifs est également déconnectée de la progression du revenu des ménages. Car sur la période considérée, le salarié au SMIC, lui, ne constatait sur sa fiche de paie que 22,7 % de pouvoir d'achat supplémentaire.

Le coût de la santé aurait-il flambé à ce point durant ces années ? Pour le savoir, prenons l'exemple de la Caisse nationale d'assurance maladie, qui couvre 95 % des Français et rembourse en moyenne 79,7 % de leurs dépenses de santé. Le budget de la CNAM est appelé dans le jargon législatif « Ondam » (Objectif national des dépenses d'assurance maladie), il est sous contrôle et voté chaque année par le Parlement. En 2006, cet Ondam s'est élevé à 141,8 milliards d'euros. En 2020, si l'on met à part les dépenses exceptionnelles liées à la pandémie, l'assurance maladie a déboursé pour notre santé 205,3 milliards d'euros. Les dépenses de l'assurance maladie ont donc progressé de 44,8 % en 15 ans. Augmentation forte et incontestable, à l'image de l'évolution des coûts et des besoins. Mais hausse bien inférieure à celle de nos amies les mutuelles. Même si on leur enlève les hausses liées aux taxes nouvelles, le compte n'y est pas.

Cette différence est d'autant plus surprenante que, sur cette période, le vieillissement continu de la population a fait gonfler les effectifs de patients souffrant d'affections longue durée, de maladies chroniques, coûteuses en soins et que l'assurance maladie prend seule en charge, à 100 %. Que dire aussi de l'explosion du prix des médicaments innovants, souvent destinés à ces patients en ALD, comme les anticancéreux, les anti-hépatite C… Des traitements facturés pour certains 20 000 et même 40 000 euros par an et par patient et qu'assume seule l'assurance maladie. Ça n'est donc pas une explosion des coûts de la santé qui justifie l'envolée des coûts des mutuelles. Au contraire : « Chaque année, l'assurance maladie intègre environ 250 000 nouveaux patients (en net des décès) dans le financement à 100 % des ALD, qui sont autant de dépenses en moins à rembourser par les OCAM », relève l'économiste, professeur et président de l'Institut Santé Frédéric Bizard dans son livre *Complémentaires santé. Le scandale* (Dunod, 2016). « L'économie est estimée à plus de 500 millions d'euros par an par les pouvoirs publics », ajoute-t-il.

L'envolée des tarifs n'est pas non plus liée à une augmentation de la part des dépenses de santé prise en charge par les mutuelles puisque cette part est stable depuis 2010. Sans compter les importantes économies réalisées grâce aux réseaux de soins qui ont permis aux mutuelles, assure la fondation Concorde, de faire baisser les prix, parfois « jusqu'à 60 % » sur certaines dépenses. Avec de telles baisses, on se demande bien quelle qualité de service on va trouver…

Le racket permanent

Pas l'inflation, pas le coût de la santé, pas vraiment le vieillissement de la population ni l'innovation… Mais qu'est-ce qui fait grimper les cotisations, alors ?

17

Des frais de gestion effrayants

Nous y voilà donc. Dernière piste d'investigations : les charges de fonctionnement. Ces « frais de gestion », nous dit l'ACPR, autorité régulatrice du secteur, « recouvrent l'ensemble des sommes engagées pour concevoir les contrats, les commercialiser (dont le réseau commercial, le marketing, les commissions aux intermédiaires), les souscrire (dont l'encaissement des cotisations, la gestion des résiliations, le suivi comptable et juridique) et les gérer (dont le remboursement, la gestion du tiers payant, l'information client, l'assistance, les services, les prestations complémentaires) ».

211 euros captés sur 1 000 euros cotisés (HT)

Ces charges, rappelons-le ici pour éviter toute méprise, ne prennent en compte ni les remboursements ni les prises en charge des soins et actes des assurés qui se rangent dans la catégorie « Prestations ». Elles correspondent, pour faire simple, à la différence entre ce qui est collecté par la mutuelle et ce qu'elle a versé comme prestation à ses assurés.

En France, le taux de ces « frais de gestion » s'est stabilisé depuis 2010 autour de 20 % du montant hors taxe des cotisations perçues – 21,1 % en 2019 – nous disent les études régulières du ministère de la Santé ainsi que les rapports de la Cour des comptes, qui les juge d'autant plus excessifs que ce taux moyen ne s'améliore pas et qu'il masque des écarts impressionnants. Le taux est stable donc. Mais pas le volume. L'enveloppe des cotisations n'ayant cessé d'augmenter, le montant des dépenses de fonctionnement, lui, a carrément dérapé. Ainsi, de 2008 à 2017, soit en dix ans, ces ponctions imposées aux cotisations sont passées de 5 à 7,3 milliards d'euros, selon l'Autorité de contrôle prudentiel. 46 % de hausse en dix ans !

FRAIS DE GESTION DES COMPLÉMENTAIRES SANTÉ

	Année			
Taux et montant par type d'organisme	**2009**	**2011**	**2016**	**2019**
Mutuelles	22 %	18 %	20 %	19 %
Institutions de Prévoyance	17 %	14 %	15 %	16 %
Assurances privées	29 %	23 %	23 %	22 %
Ensemble, en euros	5,1 Mds€	5,8 Mds€	7,2 Mds€	8,1 Mds€

(Source : ACPR, Drees et Fonds CMU)

En neuf ans, les complémentaires santé ont ainsi dépensé 12,2 milliards d'euros de plus. 12,2 milliards ! Non pas pour améliorer la santé des assurés, qui n'en ont pas vu la couleur, mais pour financer des dépenses parfois surprenantes, souvent contestables.

Ces montants sont-ils légitimes ? Beaucoup sont tentés de le faire, mais comparer les taux de frais de gestion des mutuelles (21 %) à ceux des régimes obligatoires (principalement la Caisse nationale d'assurance maladie, la Mutualité sociale agricole et l'ex-RSI) qui tournent autour de 4,5 % n'est pas pertinent. Ça ne l'est pas car ces deux familles d'acteurs ne font pas le travail de la même façon. Par exemple, l'Assurance maladie obligatoire s'appuie sur les Urssaf pour collecter les cotisations alors que les mutuelles s'en chargent elles-mêmes.

En revanche, comparer sur la même période 2008-2017, l'évolution des enveloppes consacrées aux frais de gestion a du sens. Côté Sécurité sociale, cette dépense est passée en dix ans de 7,4 milliards d'euros à 7,7 milliards, soit 4 % de hausse. C'est onze fois moins que les mutuelles, alors que toutes sont confrontées au même environnement, aux mêmes changements techniques et aux mêmes évolutions des comportements.

Jusqu'à 40 % de frais et taxe sur les contrats individuels !

Pour déterminer le montant de ces frais de gestion, les services du ministère font un calcul mathématique simple, une soustraction : cotisations hors taxe encaissées moins prestations versées aux assurés. Il ressort de cette opération, d'un côté un « taux de redistribution », de l'autre un « taux de frais de gestion ».

Selon le rapport annuel de la direction des statistiques du ministère de la Santé, le taux moyen de redistribution par les complémentaires s'est établi en 2019 à 78,9 %. Les frais de gestion des mutuelles s'établissant à 21,1 %. Mais dans son étude, la Drees fait un distinguo édifiant entre les frais des contrats collectifs et individuels. Si le taux de ces charges est de 13 % sur les contrats collectifs d'entreprise, plus faciles à gérer, dit-on, il est en revanche de… 28 % sur les contrats individuels ! Ce qui signifie pour ces assurés isolés que sur 100 euros cotisés leur mutuelle en a captés 28, juste pour gérer leur contrat. Une telle différence n'a pas de logique.

Si l'on se place maintenant du point de vue de l'assuré, de ce qu'il paie, le résultat est bien pire. L'assuré, en effet, s'acquitte de la taxe sur les contrats, soit 13,27 % que la mutuelle va aussitôt reverser à l'État. Sur 1 000 euros TTC de cotisation annuelle, par exemple, la mutuelle ne conserve donc pour son activité que 867,30 euros. Ses frais de gestion de 20 % soustraits, l'assuré ne percevra donc plus en retour que 693,84 euros sous forme de prises en charge ou remboursements. Pour l'assuré, le taux de redistribution n'est alors plus de 80 %, mais bien de 69,4 %. Voilà donc un service chèrement payé, en partie à cause de l'État taxeur, en partie à cause de mutuelles qui dépensent sans compter.

Dans la réalité, les choses peuvent se révéler pires encore. Ainsi, pour certains contrats individuels, a constaté l'UFC-Que Choisir dans son étude de janvier 2021 portant sur les frais de gestion affichés par les 29 organismes les plus importants du marché, neuf ont des taux supérieurs à 28 % et trois dépassent les 30 % : la MAAF (30,4 %), Smatis Mutuelle (30,7 %) et Intériale, la « mutuelle des agents du service public » (31 %) ! Un fonctionnaire qui choisirait Intériale et qui paierait 1 000 euros TTC de cotisation annuelle, ne bénéficierait donc en retour que de 598 euros de prestations… Mais comment est-ce possible ?

+ 30 % pour les cotisations, + 15 % pour les remboursements !

Agacée, la Cour des comptes stigmatise, une fois encore, dans son dernier rapport de juillet 2021 sur les complémentaires santé (voir le chapitre 3) les frais de gestion des mutuelles et autres assureurs santé. Pour résumer l'évolution de leurs pratiques financières, la Cour a repris à son compte les calculs de l'UFC-Que Choisir : leurs « frais de gestion, écrit la Cour, auraient progressé de 30 % entre 2010 et 2017 contre seulement 15 % pour les prestations remboursées aux assurés »… Une affirmation aussitôt contestée par la Mutualité française qui dénonce dans un communiqué du 26 juillet « un manque de sérieux et de transparence ». La Cour des comptes appréciera le compliment…

Un constat s'impose donc : où sont les efforts de gestion, réclamés par la Cour des comptes en 2016 encore ? Où sont les économies d'échelle attendues de toute consolidation d'un secteur et alors que, depuis 2001, le nombre de mutuelles a été divisé par cinq, passant de 1 528 à 310, et celui des Institutions de prévoyance par deux, pour ne plus être que 26 à disputer le marché ?

En fait, ces organismes qui rechignent à diffuser leur bilan comptable, n'ont à rendre de comptes qu'à leurs actionnaires pour les assureurs privés, à leurs sociétaires pour les mutuelles, leurs adhérents pour les Institutions de prévoyance. Mais sans grandes conséquences, dès lors que les dividendes tombent, que les voyants restent verts. En cas de déficit, il suffit d'augmenter les cotisations et le tour est joué : les comptes sont équilibrés !

9 milliards d'euros ponctionnés en 2022

Le problème, c'est que tous ces frais commencent à se voir. En 2019, les acteurs de la complémentaire santé ont collecté pour 38,4 milliards d'euros hors taxe de cotisations et primes. Ils ont versé 30,3 milliards d'euros de prestations aux assurés (78,9 %) et donc conservé 8,1 milliards d'euros pour financer leurs coûts de fonctionnement.

Un gouffre qui, de surcroît, se creuse encore. Près d'un milliard de plus en trois ans, selon la Drees. À + 4 % par an, le seuil des 9 milliards d'euros de frais de gestion sera franchi en 2022, celui des dix milliards en 2025 !

Comment expliquer cette totale dérive alors que la consolidation massive du secteur depuis deux décennies et la pression des mutuelles sur les coûts des professionnels de santé via les réseaux de soins auraient dû se solder par des économies d'échelle substantielles ? Si les frais de gestion de l'Assurance maladie obligatoire étaient du même niveau, ce sont 46 milliards d'euros de financement qui, en 2020, ne seraient pas allés aux assurés. Personne ne l'aurait compris. Ni accepté.

De 9 à 40 % de frais selon les contrats

Il faut préciser ici, sous peine d'être suspecté de vouloir mettre tout le monde dans le même panier, que les acteurs du secteur n'ont pas tous, et de loin, les mêmes pratiques condamnables de gestion. Ainsi, si l'on observe les cent plus grands organismes du secteur – 91 % du marché – les données officielles nous disent que 13 % maintiennent ces frais sous le seuil des 10 % pendant qu'à l'autre extrémité, pour une sur dix, le taux est supérieur à 27,5 %...

L'UFC-Que Choisir avait même constaté en 2020, en décortiquant 200 contrats différents, des écarts pouvant aller de 9 % à 40 % ! Un vrai scandale, pour ne pas dire une arnaque qui ne peut s'expliquer que par l'opacité et le manque d'information d'assurés captifs et résignés.

Globalement, la famille d'acteurs la plus vertueuse est celle des Institutions de prévoyance (16 % de frais de gestion en moyenne, tout de même) devant les mutuelles (19 %) et les compagnies privées (22 %). Les IP seraient-elles plus douées pour la gestion que les mutuelles ou assureurs ? On ne le saura pas, leur fédération a refusé de répondre à mes questions.

Ce que tout cela prouve, c'est que les frais de gestion à 21 % ça n'est pas une fatalité.

Vraiment claires et bonnes gestionnaires, les complémentaires ?

18

3 milliards d'euros pour débaucher les assurés

Les frais de gestion sont une dépense incontournable, c'est un fait. Mais quand ils atteignent des niveaux importants, c'est qu'il y a un loup.

Pour débusquer ce loup, jetons un œil sur ces frais, cette part de cotisation prélevée pour financer la gestion du contrat, selon la définition officielle. En moyenne, nous l'avons vu, ces charges de fonctionnement se montent à 21 % des cotisations hors taxe. Leur imputation budgétaire est réglementée en quatre chapitres. D'abord les dépenses liées à la « Gestion des sinistres », qui représente 4 à 5 % du montant hors taxe des cotisations. Curieux terme, au passage, que « sinistres » pour évoquer un besoin de soins. Sur ce chapitre, les coûts des différents acteurs se valent. Viennent ensuite les « Frais d'administration et autres charges techniques nettes », qui font apparaître des différences notables, les mutuelles se révélant ici les plus dispendieuses : 9 % des cotisations contre

LES FRAIS DE GESTION
ET LEUR RÉPARTITION EN 2019 (%)

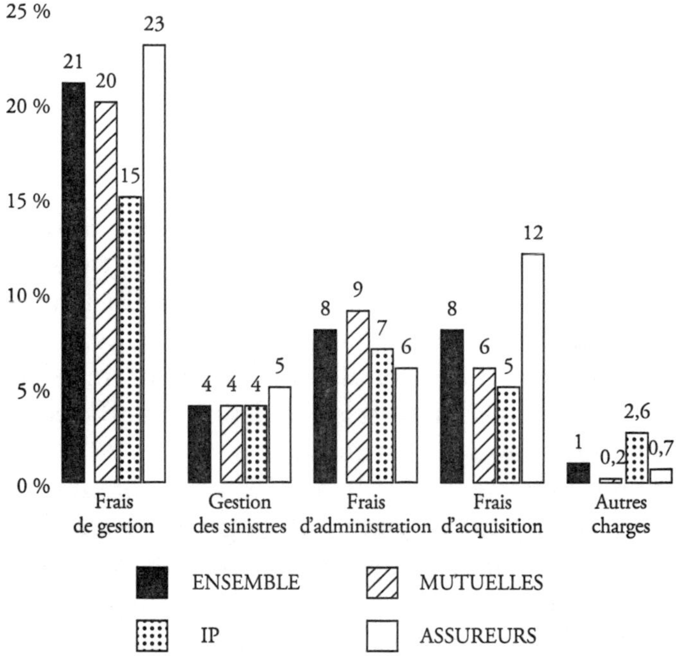

(Source : Drees.)

6 % pour les institutions de prévoyance et les assureurs privés. Troisième composante, les « autres charges ». Très modestes, elles couvrent ce qu'il reste de dépenses de fonctionnement non affec-

tées. Reste les « Frais d'acquisition », qui varient du simple au double selon la famille d'opérateurs.

Nous payons pour être débauchés

En réalité, c'est là qu'est le loup principal. « Frais d'acquisition » : de quoi parle-t-on ? D'investissement ? D'achats ? Pas du tout. Il s'agit là d'acquisition de nouveaux adhérents, sociétaires ou assurés. Ce sont en effet nos cotisations qui financent la chasse aux nouveaux clients. On ne parle pas là de petites sommes puisqu'en moyenne ce sont 8 % des cotisations hors taxe qui sont consacrés à la traque des clients ! Selon les chiffres de l'Autorité de régulation et de contrôle du secteur, l'ACPR, 3 milliards d'euros sont ainsi prélevés chaque année sur les cotisations à cet effet. Trois milliards qui ne reviennent pas du tout aux assurés !

Que recouvrent donc ces monumentaux frais d'acquisition ? Ils servent pour l'essentiel à financer la publicité et le marketing qui doivent convaincre les cibles – nous – de changer de crémerie. Ils servent également à rémunérer les intermédiaires chargés du démarchage direct, souvent des courtiers de proximité ou spécialisés dans une branche d'activité. Leur commission atteint 15 à 25 %, par an, du prix du contrat vendu...

Les données officielles de 2019 montrent que sur 100 euros de cotisations perçues, les institutions de prévoyance dépensent 5 euros en « frais d'acquisition », les mutuelles 6 euros et les compagnies d'assurance... 12 euros, soit le double des mutuelles. Sur la seule année 2019, les assureurs ont augmenté ce poste de 7 % ! Une dépense facturée, au bout du compte, aux assurés, à l'insu de leur plein gré. Mais il faut bien financer la guerre des parts de marché. Une stratégie coûteuse, mais payante puisque, à ce jeu, les assureurs qui ont beaucoup dépensé ont pris chaque année aux mutuelles un point de part de marché depuis dix ans. Mutuelles qui devraient s'interroger sur les causes profondes de cette fuite de clientèle...

Les compagnies privées consacrent ainsi 1,5 milliard d'euros par an à cette chasse fratricide aux assurés. Les mutuelles, elles, dépensent 1,1 milliard. Reste les institutions de prévoyance qui n'affectent à leur politique d'acquisition « que » 320 millions d'euros. Ensemble, nos trois composantes de la complémentaire santé ont donc dépensé 2,994 milliards d'euros en 2019, essentiellement pour... prendre des clients à la concurrence, puisque le marché est dorénavant saturé, de l'aveu de tous les observateurs. Est-ce cela que l'on attend de ces organismes ?

Cette chasse aux clients coûte en moyenne à chacun d'entre nous 62 euros si nous sommes assurés en individuel, 55 euros si nous relevons d'une assurance collective. Toutefois, si notre complémentaire est un assureur privé, alors ce sont 102 euros qui sont soustraits aux cotisations ! Une pratique commerciale très agressive et non encadrée qui pourrait finir par avoir la peau des mutuelles et institutions de prévoyance.

Toutefois, ces chiffres ne reflètent qu'une petite partie de la réalité. Car selon les professionnels du secteur interrogés, il est plus logique de comparer le montant des frais d'acquisition investis au nombre de clients effectivement captés. Les choses sont alors bien différentes. Le fondateur d'une toute jeune mutuelle santé que j'interrogeais en 2020 sur ces frais, m'a expliqué, comme une évidence bien connue du secteur : « Les assurances complémentaires dépensent en moyenne 350 euros pour attirer un nouveau client »… Vive la concurrence ! Car c'est bien en son nom que sont dépensées ces sommes folles.

38 millions d'euros dilapidés en publicité

Dans le contexte très concurrentiel, « les mutuelles doivent, elles aussi, faire connaître leur offre et valoriser leurs spécificités auprès des assurés », tient à justifier, non sans raison, la Mutualité française.

On touche là très concrètement aux effets pervers de la loi Évin de 1989 qui a replacé tous les acteurs sur un seul et même pied d'égalité en matière d'assurance santé, ouvrant largement les portes de la concurrence.

Toutefois, veut temporiser la Mutualité, « la publicité ne représente que 4 % des frais d'acquisition des mutuelles, soit 0,2 % des cotisations ». En apparence, la publicité est donc un outil raisonnablement utilisé. En apparence…

En 2019, à elles seules les (vraies) mutuelles ont collecté près de 19 milliards d'euros hors taxe de cotisations santé. 0,2 % pour la pub, cela représente tout de même la modique somme de… 38 millions d'euros. Dit comme ça, ça change un peu la donne. On sait que les petites mutuelles ont peu de moyens à consacrer à la promotion et s'en remettent avant tout au bouche-à-oreille.

En revanche, certaines des grosses mutuelles « mettent le paquet », si l'on en juge par les données collectées auprès du très sérieux institut Kantar. Et le plus gros investisseur en la matière n'est pas forcément celui que l'on attendait puisqu'il occupe (en 2020) la 17e place au classement des plus grosses complémentaires. Il s'agit d'Ociane, la filiale complémentaire santé du groupe Matmut. En 2020, cette mutuelle santé a dépensé… 11 millions d'euros en publicité, tous supports confondus (hors Internet) selon Kantar, qui tient à jour les données détaillées du marché français et mondial. Rapportée au chiffre d'affaires d'Ociane, cette enveloppe représente 3,1 %. On est loin des 0,2 % annoncés par la Mutualité. Si j'étais assuré Ociane, pas sûr que j'apprécierais de voir ainsi tant d'argent jeté par la lucarne.

Derrière elle, Groupama a misé 7 millions d'euros pour mettre en valeur ses produits d'assurance santé. Pas mal non plus, comparé aux 282 millions d'euros de chiffre d'affaires réalisé en 2019, selon le rapport financier. On est cette fois à 2,5 % du chiffre d'affaires, douze fois le taux annoncé par la Mutualité. À elles deux, Ociane et Groupama représentent déjà la moitié des dépenses publicitaires supposées des mutuelles !

En 2020, la MAAF, que téléspectateurs et auditeurs ne connaissent que trop, a consacré à sa publicité… 62,6 millions d'euros au total. Mais cette année-là, rien pour promouvoir ses contrats santé. En revanche, en 2017 et 2018, elle n'a pas lésiné, dépensant 7,3 puis 8,5 millions d'euros. Le quatrième plus gros budget alloué à la publicité s'est monté à 4,8 millions d'euros, et le chèque a été signé par la MMA. Puis viennent la Macif (1,2 million), le groupe Aesio (700 000 euros), Allianz (600 000 euros), Harmonie mutuelle (300 000 euros)... La facture publicitaire des assureurs privés aux activités multiples reste opaque de même que celle des Institutions de prévoyance, peu enclines à communiquer.

38 millions d'euros dépensés pour cause de concurrence. Sans concurrence, plus besoin de publicité...

Des acteurs vraiment différents, les mutuelles ?

19

Des dépenses déconnectées de la santé

Parmi les frais engagés par les OCAM, beaucoup sont sans rapport avec la santé. Certains opposeront que, s'agissant par exemple du sponsoring, de la publicité, ils servent à accroître la notoriété d'un organisme, d'une marque. Dans le but de gagner des parts de marché ? Ça rapporte quoi à l'assuré ?

Quand une partie de la population ne peut plus s'offrir une complémentaire, quand l'État dépense 5 milliards par an pour apporter une couverture complémentaire santé aux plus modestes, quand on exerce dans le secteur de l'économie sociale et solidaire… Est-il légitime de financer deux courses automobiles et un centre d'art contemporain, comme le fait la Matmut ? De soutenir une équipe cycliste professionnelle, comme Groupama ou AG2R La Mondiale ? Ou une course à la voile, comme la Macif ? De jouer les mécènes du festival Solidays, comme Malakoff Humanis, d'organiser

– et financer – son propre festival de 4 jours de musique, le VYV Festival ? De subventionner, à la manière du groupe Humanis, le semi-marathon de Paris. De soutenir une épreuve itinérante de natation, des concours avec à la clé des prix de 2 500 à 5 000 euros de récompense, comme le fait le groupe Harmonie mutuelle ? D'apporter sa contribution au musée du Louvres ou au château de Versailles, à l'image de la MGEN ? De créer des fondations, comme Solimut, Aesio, ou celles d'Harmonie mutuelle de la Mutuelle générale, de la Macif pour soutenir des créateurs d'entreprise, des artistes, des projets divers et variés vers la ville, la jeunesse, l'Afrique. Sans oublier la filiale MAIF Avenir, qui finance depuis 2015 la création de jeunes sociétés innovantes du numérique. Ou le nouveau Fonds de la mutualité française, « Mutuelles Impact », pour l'investissement à impact social et environnemental.

On a presque envie d'applaudir à tant d'initiatives. La liste est loin d'être exhaustive, mais, tout de même, ça fait déjà beaucoup pour des activités très éloignées des besoins des assurés, non ? Si l'on réaffectait ces sommes, combien de ménages modestes seraient couverts à moindre coût ou mieux remboursés ?

Des pratiques hors des limites morales ?

À côté du sponsoring, il y a des pratiques carrément contestables. On ne détaillera pas l'affaire de la MNEF, qui remonte à 1998, et à laquelle on reprochait ses emplois fictifs et sa grande proximité financière avec des dirigeants socialistes. Mais on s'étonne encore du silence autour de l'embauche par Daniel Havis d'une ancienne ministre socialiste et députée de Seine-Maritime, Valérie Fourneyron, entrée en 2015 au conseil d'administration de la Matmut et qui débattait à l'Assemblée nationale du budget de la Sécurité sociale et de la loi santé… Le patron de la Matmut, qui avait dû lorgner le carnet d'adresses de ces élus du peuple, avait alors aussi embauché comme administrateur, « pour son expertise », a-t-il expliqué, le député radical de gauche Jacques Moignard. À part ça, il n'y a plus d'accointances, plus de pantouflage entre les mondes mutualiste et politique. Plus récemment, en 2019, une pratique tout aussi surprenante a valu une mise en examen retentissante à Richard Ferrand, ancien ministre (PS) devenu président (LREM) de l'Assemblée nationale, auquel il était reproché d'avoir fait louer par les Mutuelles de Bretagne, dont il était le directeur général, des locaux professionnels appartenant à son épouse. « Pas d'irrégularité », plaidait-il. Dont acte. Mais était-ce moral ?

Autre pratique et vrai scandale avec la Macif dont les administrateurs ont voté sans ciller, en 2019, une hausse soudaine de… 60 % (100 000 euros !) de la rémunération de leur président (voir chapitre 11). On est aussi étonné de constater que le très mutualiste et jeune groupe VYV a récemment débauché du très lucratif assureur privé AXA sa nouvelle directrice générale. Son expertise dans les modèles économiques assurantiels aurait-elle pesé dans l'embauche de cette dirigeante ?

Rigoureuses, les mutuelles ?

20

Une organisation grand luxe

Chacune des trois familles œuvrant dans la complémentaire santé est représentée au niveau national par un syndicat professionnel, une fédération chargée de défendre leurs intérêts et d'être l'interlocuteur des autorités. Trois fédérations cohabitent ainsi : pour les mutuelles, la FNMF, Fédération nationale de la mutualité française, pour les institutions de prévoyance, le CTIP, Centre technique des institutions de prévoyance, et enfin pour les assurances, la FFA, Fédération française des assurances. Une organisation lourde, peu efficace, on l'a vu, mais qui a un coût, évidemment supporté par le sociétaire ou l'assuré.

50 millions par an pour financer la Fédération des mutuelles

Prenons l'exemple du leader du secteur de l'assurance santé : la Mutualité française. C'est un coup de gueule de la Matmut, qui avait menacé de claquer la porte en 2018 pour dénoncer le montant de l'adhésion, qui a permis de lever un lièvre. La mutuelle de Rouen paye en effet 3 millions d'euros par an de droit d'adhésion à la FNMF. Le départ de la mutuelle, dirigée de longue date par Daniel Havis, allait faire perdre 6 % de ses revenus à la Mutualité qui réclame aux 515 mutuelles adhérentes (toutes spécialités confondues) un droit annuel de 6 euros par assuré. Ces contributions rapportent chaque année 50 millions d'euros de recettes à la FNMF. Une paille qui permet de financer un magnifique siège social, rue de Vaugirard, dans le 15e arrondissement de Paris. Siège en pleine et totale rénovation depuis 2020 et pour au moins trois ans, redessiné par l'un des architectes français les plus en vue, concepteur du MuCEM de Marseille ou du stade Jean-Bouin à Paris, Rudy Ricciotti. Facture prévue de la rénovation : 40 millions d'euros.

La FFA, avec ses 245 compagnies adhérentes, dispose d'un budget un peu plus modeste : 36 millions d'euros, selon son rapport d'activité. Lors d'une audition à l'Assemblée nationale, en 2015, ses représentants avaient indiqué que ses coûts annuels liés aux « activités directes de représentation d'intérêts » – en clair de lobbying – auprès du Parlement (Assemblée nationale et Sénat) étaient compris « entre 300 000 et 350 000 euros » selon les années. Une autre paille.

Interrogé sur son budget, son mode de financement, le CTIP a tout simplement refusé de répondre. Un joli gage de transparence qui jette le doute sur l'ensemble des Institutions de prévoyance, déjà connues pour vivre en vase très clos.

Dernier étage dans cette vaste organisation pyramidale, l'Unocam, l'Union nationale des organismes de complémentaire santé, chapeaute ces trois familles d'acteurs qu'elle défend et représente dans les négociations paritaires. En 2017, son budget avait frôlé le million : 900 000 euros pour représenter… des représentants.

Mises bout à bout, tout cela fait encore de belles dépenses dont l'utilité est d'autant plus contestable que – rappelons-nous le constat d'Agnès Buzyn – ces fédérations « n'ont aucune autorité sur leurs adhérents ». Reconnaissons-leur tout de même une réelle efficacité en matière de lobbying.

Une pseudo-démocratie coûteuse

Et que dire des organisations internes aux mutuelles, toutes ces délégations régionales et locales qu'il faut loger, financer, toutes ces élections de délégués qu'il faut organiser, ces milliers d'élus qu'il faut ensuite inviter régulièrement aux sièges pour des réunions, assemblées et élections (encore !) des administrateurs, tous frais payés … Tout ça au nom de la démocratie interne. Démocratie prétexte, mais vraies chambres d'enregistrement, souvent verrouillées de l'intérieur par les dirigeants en place peu prompts à céder leurs fructueux avantages.

Efficace et utile, la coûteuse organisation des mutuelles ?

21

Les réseaux, c'est « banco » !

Dans la bataille à laquelle se livrent les complémentaires santé pour préserver ou gagner des parts de marché, il est devenu vital de pouvoir se distinguer, de se rendre visible, la Mutualité l'a rappelé. Et ce d'autant plus aujourd'hui que l'extrême encadrement des contrats responsables tend à uniformiser l'offre.

Parmi les dépenses cachées des mutuelles, parmi les soi-disant « services en plus » rendus aux assurés, il y a les « réseaux de soins », constitués à partir des années 1990 par les mutuelles. Ces réseaux regroupent des professionnels de santé (opticiens, dentistes, audioprothésistes, kiné, pédicures, nutritionnistes...) et des établissements de soins engagés par convention, parfois à contrecœur, sur des plafonds tarifaires en échange d'un adressage de clientèle par la mutuelle. Après une longue bataille juridique et politique, et grâce au député PS Bruno Le Roux, ces réseaux sont entrés dans le droit commun en 2014.

Auparavant, des plateformes avaient déjà été constituées par des groupements de mutuelles ou assureurs afin de gérer et contrôler ces réseaux qui grandissaient un peu vite et dans l'illégalité. Les plus connues aujourd'hui sont Carte Blanche, Istya, Itelis, Kalivia, Sévéane ou encore Santéclair qui, ensemble, revendiquent de servir 50 millions d'assurés qu'elles conseillent et orientent dans leurs consommations de soins quand elles ne font pas aussi du lobbying, comme Santéclair. Pour la petite histoire, toutes ces plateformes, exceptée une, sont des sociétés anonymes ; elles peuvent donc faire des profits, et ne sont soumises ni aux codes de la mutualité ou des assurances, ni aux contrôles obligatoires des autorités sanitaires.

Des professionnels de santé maltraités

D'après l'Inspection générale des affaires sociales, ces réseaux de soins n'ont quasiment rapporté aucun avantage aux professionnels de santé signataires d'une convention. En revanche, a constaté l'enquête publiée en 2017 qui dénonçait un « déséquilibre », beaucoup de contraintes leur ont été imposées par les mutuelles. Les enquêteurs de l'IGAS se sont de surcroît déclarés incapables d'assurer que la qualité des soins et des prestations n'avait pas été altérée par les pressions tarifaires !

Dans son rapport sur les réseaux de soins, l'IGAS retient plusieurs mauvaises pratiques qu'on était loin d'imaginer venant de mutuelles :

- Clause déportant l'ensemble des responsabilités sur le professionnel de santé sans réelle obligation pour la plateforme.
- Clause faisant assumer aux professionnels les charges du tiers payant et des autres services commerciaux gratuits procurés aux bénéficiaires du réseau qui n'auraient pas acquis leur appareil auprès du praticien (dépannage, assistance, réglage, entretien).
- Pouvoir unilatéral de sanction envers les audioprothésistes.
- Contraintes financières excessives.
- Conditions de résiliation très avantageuses pour le réseau.

Une liste qui devrait intéresser les usagers de ces réseaux, toujours présentés par les mutuelles comme des exemples de vertu, l'avenir !

Ces griefs ont été vigoureusement dénoncés par le président du Syndicat des audioprothésistes, Luis Godinho, devant la Commission d'examen des pratiques commerciales. « Ces plateformes, proteste-t-il dans un communiqué, imposent leurs conditions sans aucune négociation. »

En avril 2021, le CEPC a enfin rappelé à l'ordre ces réseaux : une convention, ça se négocie, ça ne s'impose pas… Après un tel traitement, il est amusant de découvrir sur les sites des mutuelles l'expression « partenaires » pour qualifier les professionnels de leurs réseaux…

Pour les mutuelles en tout cas, ces réseaux, c'est banco ! Car grâce à eux, elles ont commencé à engranger de substantielles économies, les factures ayant baissé, sous leur pression, de 10 à 30 % et même, si l'on en croit la Fondation Concorde, de 60 % sur certains équipements optiques. Les assurés ont-ils profité de ces économies ? Non, puisque le taux de couverture des mutuelles, 13,4 %, est stable depuis 2010. Ont-ils vu leurs cotisations baisser ? Non plus. Et pour cause, ce sont bien les assurés qui, à travers les cotisations, financent les coûteuses plateformes qui pilotent ces réseaux où ils sont plus qu'invités à se rendre.

En réalité, ces économies-là n'étaient pas l'objectif initial. La finalité de cette organisation parallèle des soins visait à imposer un nouveau modèle économique simple, gagnant-perdants, en deux étapes.

Le scandale des « remboursements différenciés »

Première étape : on vient de le voir, faire baisser les tarifs des professionnels de santé, de plus en plus contraints d'adhérer à des réseaux de plus en plus gros s'ils veulent travailler. Parallèlement, inciter les assurés à ne solliciter que ces professionnels-là, au motif que ça coûte moins cher. Première étape qui a déstabilisé le marché côté professionnels de santé. Car ils ont perdu en rentabilité, le nombre de leurs patients ou clients n'ayant pas augmenté.

La seconde étape est beaucoup plus redoutable de conséquences. Pour favoriser leur réseau, les mutuelles auraient pu décider de valoriser par de meilleurs remboursements les assurés qui choisiraient d'y recourir, puisqu'ils leur faisaient faire des économies. Mais ça n'était pas l'option prévue. Le modèle ciblé, c'était… de moins bien rembourser ceux des assurés qui voulaient préserver leur liberté et préféraient se soigner en dehors des réseaux.

Ainsi, après avoir fait plier les professionnels de santé, on allait faire plier les assurés récalcitrants et imposer aux forceps les réseaux de soins.

Trop pressée, trop sûre de son lobbying, la puissante MGEN est partie la première sur le front des « remboursements différenciés », décidant du jour au lendemain de réduire ses prises en charge quand l'assuré avait choisi un opticien, un dentiste, un kiné... étranger au réseau maison. Une pratique aussitôt dénoncée, attaquée et finalement jugée illégale à au moins deux reprises. D'abord par la Cour de cassation dans un arrêt du 18 mars 2010, puis en novembre 2012 dans un arrêt de la Cour de justice européenne qu'avait sollicitée en appel la MGEN. De fait, ont dit les juges, dans le code de la Mutualité révisé en 2001, interdiction est faite aux mutuelles de procéder à une quelconque différenciation dans le remboursement des prestations.

Un lobbying redoutable

Qu'à cela ne tienne : si la jurisprudence n'est pas favorable à la MGEN, changeons la loi ! Avec le soutien de la Mutualité française, la MGEN a fini par obtenir gain de cause. En novembre 2012, grâce aux bons et loyaux services d'un ancien vice-président de la MNEF, célèbre ex-mutuelle étudiante réputée pour ses emplois fictifs, auxquels il n'était d'ailleurs pas mêlé, le député socialiste Bruno Le Roux déposa un projet de loi autorisant ces remboursements différenciés. Rien d'illégal à cela.

Le rapport parlementaire sera rédigé par la députée PS de Paris, Fanélie Carrey-Conte, « militante du mutualisme, ancienne membre de la direction de l'UNEF et de La Mutuelle des étudiants (LMDE), rappelle Frédéric Bizard, dans son livre *Complémentaires santé, le scandale*. Texte voté après de longs débats.

Voilà qui donne une idée de ce à quoi rêvent les complémentaires : un système fermé et verrouillé de l'intérieur dont le seul bénéficiaire, au bout du compte, sera la complémentaire et rien qu'elle. Voilà qui n'est pas sans rappeler certains régimes liberticides des pays de l'Est d'hier. Les réseaux de soins ne cessant de s'étendre, il va donc falloir se faire à l'idée que nous allons de moins en moins pouvoir choisir notre professionnel de santé.

Les perspectives de liberté sont d'ailleurs peu rassurantes. En 2017, un rapport de l'Inspection générale des affaires sociales avait calculé que « moins de la moitié des particuliers a réellement le choix de sa complémentaire santé sans être contraint par le cadre juridique, leurs faibles ressources ou l'organisation du secteur ». Ça ne fait plus grand monde de vraiment libre.

Cette stratégie des réseaux de soins qui a permis aux mutuelles de se distinguer les unes des autres, et de se distinguer des assureurs privés en

« offrant » à leurs clients un « bonus », a cependant du plomb dans l'aile.

Des réseaux condamnés par le « 100 % santé » !

Car les réseaux des mutuelles et leurs plateformes ont été conçus autour d'un marché principal : celui des lunettes, puis des soins dentaires et de l'audioprothèse. Or, l'émergence en 2019 des offres « 100 % santé », qui permettent de se faire poser des prothèses dentaires et de s'équiper en lunettes et prothèses auditives sans avoir un reste à charge à débourser, tout en profitant du tiers payant intégral, est en train de menacer l'existence même des réseaux. Pourquoi les patients iraient-ils chez des professionnels imposés et sans réels avantages au bout du compte ? Qu'apportent les réseaux de soins dans ce contexte ? Plus rien. Les offres « 100 % santé » sont même plus intéressantes financièrement que les produits proposés dans les réseaux de soins car le ministère de la Santé, pour sa réforme, a négocié des baisses tarifaires et des planchers qualitatifs avec toute la chaine, du fabricant au vendeur, ce que ne peuvent faire les mutuelles…

Si l'ex-ministre de la Santé, Agnès Buzyn, a

tout fait, dès son arrivée en 2017, pour mettre en place cet instrument de lutte contre le renoncement aux soins, c'est bien parce que la stratégie des réseaux de soins n'a eu sur ce point que peu d'impact, contrairement à la promesse justifiant le vote de la loi Le Roux...

Toujours indispensables, les réseaux de soins des mutuelles ?

22

Impunité récompensée

Non-respect des engagements de modération tarifaire, contournement des obligations de transparence, mais aussi résistance à réduire les frais de gestion malgré les mises en garde, réticence à mettre en place le tiers payant intégral et généralisé, à s'entendre sur la lisibilité/comparabilité des contrats... La multiplication des pieds de nez aux autorités illustre l'étendue du pouvoir pris par les mutuelles et autres assureurs, pouvoir proportionnel à leur certitude d'impunité. Il faut l'admettre : tous ces assureurs ont pris de l'assurance, car les sanctions ne pleuvent pas. Au contraire. « L'État » remercie même ces acteurs de l'économie sociale, si généreux et œuvrant soi-disant à améliorer toujours plus l'accès de tous les patients aux soins de qualité.

Le président de la Mutualité française nommé président du CESE

La dernière belle récompense en date concerne l'élection, le 18 mai 2021, de Thierry Beaudet à la présidence du Conseil économique, social et environnemental, le CESE. L'élu, qui n'est pas arrivé là sans l'aval du gouvernement, est alors à la fois président depuis 2016, et jusqu'en octobre 2021, de la très puissante Fédération nationale de la mutualité française, qui représente, pour mémoire, 518 mutuelles. Il est aussi en parallèle président du groupe VYV, qui regroupe notamment Harmonie mutuelle, la MGEN, Istya… Le n° 1 des patrons de mutuelles santé se retrouve donc jusqu'en 2026 à la tête de ce qui est considéré comme la troisième chambre constitutionnelle de la République. Une appellation un brin ronflante pour une institution consultative qualifiée souvent de chambre des récompenses, mais qui a fait l'objet en janvier 2021 d'une réforme poussée par Emmanuel Macron, président de la République, lui redonnant un peu de pouvoir et d'influence.

On passera sur le cumul de fonctions, a minima temporaire. Thierry Beaudet y est habitué, lui qui avait fait changer en 2016 les statuts de la Mutualité française pour pouvoir y cumuler sa fonction de président de la MGEN et de la fédération au risque de flirter avec le conflit d'intérêts. Mais que vient faire un leader mutualiste à la tête de cette assemblée ?

Des résistants promus légionnaires

Cette élection n'est qu'un exemple parmi d'autres des honneurs rendus par la République peu rancunière aux dirigeants des complémentaires santé. Beaucoup d'entre eux ont même eu droit à une médaille, celle de la Légion d'honneur ! 2015 a vu à cet égard une belle brochette d'épinglés du 14-Juillet, avec notamment Jean-Martin Cohen-Solal, alors délégué général de... la Mutualité française, et Nicolas Moreau, P-DG d'AXA France de 2010 à 2016. Parmi les autres légionnaires promus cette année-là, citons aussi... Thierry Beaudet (encore président de la MGEN et déjà dans les petits papiers du pouvoir). L'année suivante, Fabrice Henry, alors vice-président de la MGEN (encore !) et président de l'Union nationale des organismes complémentaires d'assurance maladie (la fameuse UNOCAM), figurait au palmarès, tout comme André Renaudin, directeur général d'AG2R La Mondiale. Nouvelle jolie moisson de médailles en 2017 : Roland Berthilier, vice-président de la Mutualité française (décidément) et Jacques Richier, P-DG d'Allianz France avaient rejoint la promotion de janvier. L'ex-président, durant 26 ans, de la Matmut, Daniel Havis, devenu, entre autres, vice-président délégué de la Mutualité française (...), fut élevé au rang de chevalier avec la promotion de Pâques qui a vu épingler une autre personnalité du monde mutualiste : Pascale Vion, vice-présidente de... la Mutualité française (décidément) et par ailleurs secrétaire générale d'Adréa mutuelle. En 2018, c'était au tour de Jean-Paul Lacam, alors encore président du CTIP, le discret mais puissant Centre technique des institutions de prévoyance. À côté de lui, la présidente de la Mutuelle des douanes, Nadine Morineau ou encore Marc Fosseux, directeur de Groupama... se sont fait aussi épingler. En 2021, parmi les récompensés pour leur « participation aux actions menées contre l'épidémie » (sic), figure Jean-Michel Laxalt, qui est notamment ancien président de la... MGEN.

La liste est très loin d'être exhaustive. Mais d'évidence on le constate, plus qu'une volée de bois vert, c'est surtout une volée de médailles qui s'abat sur les dirigeants des complémentaires devenus ainsi de vrais légionnaires, mais toujours résistants.

Quels « mérites éminents » ?

Rappelons que la Légion d'honneur, plus haute distinction française, a vocation officielle, selon son site internet dédié, à récompenser « tout citoyen français sans casier judiciaire ayant fait preuve de mérites éminents au service de la nation ». On se demande où est le « mérite éminent » de ces dirigeants qui ne font rien pour réduire leur frais de gestion et donc la facture des Français, qui renâclent à rendre l'argent des assurés, qui favorisent les inégalités, qui se financent un confortable train de vie sur le dos des clients et se versent des salaires auxquels un ministre n'a même pas droit.

23

Esprit originel, où es-tu ?

Mais comment en est-on arrivé à la situation actuelle, à tant de déliquescence d'un modèle originellement vertueux ? Les mutuelles du XXIe siècle n'ont de fait plus grand-chose à voir avec leurs aînées, les « Sociétés de secours mutuels » (SSM). Ces groupements d'entraide apparus avec la Révolution française se sont d'abord et longtemps constitués au sein de corporations et de bassins d'emplois : les bouchers de Paris, les canuts de Lyon, les ouvriers de la ville de Tulle... L'idée était simple et généreuse : à l'heure où les ouvriers gagnaient à peine de quoi reconstituer leur force de travail, comme dirait Marx, et où il ne leur était pas possible d'épargner un sou en prévision d'une perte de salaire pour cause de maladie, accident, vieillesse... ces sociétés proposaient d'instaurer une assurance collective, une « prévention » basée sur la solidarité.

Au départ, un simple pot commun et du bénévolat

Organisées en associations, alors interdites par la célèbre loi Le Chapelier, ces SSM proposaient à leurs pairs ouvriers ou artisans de verser une modeste cotisation mensuelle, parfois juste un droit d'entrée – le tout déposé à la Caisse d'épargne –, et elles piochaient le moment venu dans ce pot commun pour aider tel ou tel adhérent en incapacité de travailler. La gestion était alors réellement démocratique et 100 % bénévole. À l'époque, la cotisation mensuelle était identique pour tous, quels que soient l'âge, le sexe et l'état de santé de l'adhérent. Le « risque », lui, était réparti sur l'ensemble de la petite communauté mutualiste, c'était ce qu'on appelle la « solidarité intergénérationnelle », celle qui lisse le risque sur l'ensemble d'une vie et d'une population. Cette solidarité évitait notamment aux plus âgés de cotiser à proportion de leurs coûts, c'est-à-dire beaucoup, au moment où leurs revenus baissaient voire disparaissaient. Le succès des « Sociétés de secours mutuels » fut d'abord lent, entravé par l'interdiction de constituer des associations en milieu professionnel. Cet interdit levé, leur développement sera fulgurant.

La première SSM identifiée est apparue à Paris, chez les charpentiers, en 1791. Il faudra attendre que Napoléon III s'autoproclame empereur en 1852, à la suite d'un coup d'État, pour qu'un décret impérial reconnaisse et encourage l'existence de ces sociétés d'assurance maladie, désormais soumises à autorisation, contrôle étatique mais aussi subventions. Le monarque veut même qu'il en soit créé dans chaque commune ! En 1870, 6 000 de ces sociétés avaient vu le jour. En 1901, elles sont 15 000 et couvrent déjà 2,6 millions d'adhérents. En 1914, veille de la Grande Guerre, 4,5 millions de Français sont désormais mutualistes. Ils seront 8 millions à la veille de la Seconde Guerre mondiale, en 1939, six ans avant la création de la Sécurité sociale.

Le « ticket modérateur », une volonté des pères de la Sécu

La France compte alors 40,5 millions d'habitants. Ce qui induit que 32,5 millions de Français ne bénéficiaient d'aucune couverture maladie qui restait, rappelons-le, à adhésion volontaire. Une inégalité qu'aura pour mission de faire disparaître la fameuse Sécurité sociale lorsqu'en octobre 1945 est instaurée une assurance maladie et retraite obligatoire sur tout le territoire et pour tous. Un concurrent poids lourd pour les mutuelles qui, par la voix du président de la Fédération de la mutualité française d'alors, tirait à boulets rouges contre cette nouvelle obligation. La réalité, c'est que les mutuelles sentaient bien que la Sécurité sociale menaçait leur existence. L'histoire d'ailleurs montrera combien cette contestation du caractère obligatoire était illégitime et injuste. Mais sans doute fallait-il voir dans ce premier bras de fer les prémices d'un long combat des mutuelles pour s'imposer et prospérer.

Pour mémoire, Bismarck avait créé semblable régime obligatoire outre-Rhin un demi-siècle plus tôt… C'est d'ailleurs clairement ce dispositif précurseur venu d'Allemagne qui a inspiré les fondateurs de la « Sécu », notamment son père spirituel, Pierre Laroque, compagnon du général de Gaulle à Londres. Fondateurs qui avaient souhaité, dès le départ, qu'une part des dépenses reste non remboursable : le « ticket modérateur » était dans les gênes de la Sécu.

Sécu – Mutuelles : l'impossible complémentarité

Bâtie sur deux piliers fondateurs – la justice sociale et la solidarité –, la nouvelle protection sociale universelle – la « Sécu », donc – a défini une philosophie simple pour sa branche maladie : « Chacun cotise selon ses moyens et reçoit selon ses besoins. » Difficile de faire plus clair et équitable.

C'est là une différence majeure avec les mutuelles devenues en 1945 des assureurs « complémentaires » de la Sécurité sociale. Dès l'origine, ces sociétés à but non lucratif n'ont pas pris en compte les revenus de leurs sociétaires pour déterminer des cotisations qui ont toujours été « forfaitaires ». Mais le ticket d'entrée était pour beaucoup d'ouvriers trop élevé, de sorte que la majorité des Français renonçaient à cette prévoyance. Contrairement aux assureurs privés, ces mutuelles s'interdisaient de prendre en compte le risque individuel du souscripteur, notamment son âge, pour fixer leurs tarifs. Cette pratique anglo-saxonne s'est imposée progressivement quand, à partir de 1956, les contraintes réglementaires ont ouvert les portes de ce marché aux compagnies privées. Le loup venait d'entrer dans la bergerie. Pourtant, ce n'est que dans les années 1980, quand les autres marchés de l'assurance seront saturés, que les assureurs s'intéresseront au secteur santé, dévoyant au passage les valeurs mutualistes.

La réforme du vieux code de la Mutualité, en 1985, a tenté d'enrayer cette dérive, notamment en gravant dans le marbre le principe, pour une mutuelle, de « non-sélection des risques ». Une différence fondamentale avec les compagnies d'assurance privées. Le marbre était trop tendre, il n'a pas résisté aux assauts libéraux. La loi Évin, de décembre 1989, a tenté une deuxième couche, protectrice des assurés. En vain. Encore. Et pour cause, un second volet de cette loi va achever de placer sur un pied d'égalité les trois opérateurs que nous connaissons aujourd'hui : les assureurs privés et les institutions de prévoyance ont officiellement le droit de marcher sur les terres des contrats individuels, propriété historique des mutuelles.

Au final, les mutuelles, à l'exception des adhérents d'une petite « fédération indépendante », la FNIM, ont montré assez peu de résistance. Difficile en effet pour les organismes à but non lucratif que sont les mutuelles, pas encore aguerries à la concurrence, pas industrialisées, de résister face à des acteurs aux pratiques agressives, éprouvées, capables de dépenser sans compter pour s'emparer d'un marché.

Avec ces lois, ces textes, les mutuelles – assuraient les gouvernements contemporains – étaient enfin convenablement armées pour aborder le marché et développer leurs missions sociales, reconnues indispensables.

La réalité s'est révélée bien différente.

24

Les 8 dangers capitaux

Alors, stop ou encore ? L'état des lieux de notre système d'assurance santé, complexifié à l'extrême et comptant désormais trois étages d'intervention (avec les sur-complémentaires) sans que les assurés y aient vu le moindre gain, impose de revoir les liens entre l'Assurance maladie obligatoire et les complémentaires santé. Car plusieurs vrais dangers guettent. En voici huit.

Danger n° 1 : le pouvoir de la concentration

Nous l'avons vu, au fil du temps le nombre d'acteurs de la complémentaire santé fond comme neige au soleil, sous la pression de réglementations européennes (Solvabilité 2) et nationales, et bien sûr sous les assauts de la concurrence. De 1702 organismes complémentaires d'assurance maladie en 2001, les acteurs ne sont plus que 439. Le marché se consolide à marche forcée. Désormais, les vingt premiers acteurs détiennent 45 % de parts de marché et les 50 premiers 70 % ! Autant dire que les 389 autres vivent de miettes et ne sont qu'en sursis. D'autant que se sont mis en place ces dernières années des « groupements », notamment de mutuelles, qui, n'en doutons pas, vont absorber ceux de leurs pairs qui n'auront pas les reins assez solides pour respecter leurs obligations prudentielles (fonds de réserve).

Ce mouvement qui ne faiblit pas amènera bientôt la France dans la situation du Royaume-Uni ou des Pays-Bas qui ne comptent, eux, qu'une trentaine d'organismes d'assurance complémentaire. Imposer des règles à des groupes qui pèseront entre 3 et 15 milliards de chiffre d'affaires sera alors illusoire.

Danger n° 2 : la dérive libérale

On a aimé les mutuelles et institutions de prévoyance parce que leur philosophie initiale et le code qui les régit leur interdit de faire du profit à nos dépens, mais aussi de sélectionner le risque. Ce qui, hélas, est de moins en moins vrai, il n'est qu'à voir le niveau des réserves financières de certains acteurs, et la mosaïque de contrats en circulation pour s'en convaincre. Mais, c'est écrit : le mouvement de concentration qui s'est enclenché au milieu des années 2000, laisse déjà une place de plus en plus grande aux acteurs profitables que sont les assureurs privés.

En vingt ans, la part de marché des mutuelles a chuté de dix points pour tomber à 49 % en 2020. Celle des Institutions de prévoyance a reculé de 21 à 17 %. Pendant ce temps, les compagnies d'assurance privée ont fait main basse sur les quatorze points de parts de marché perdus par leurs concurrentes, passant de 19 % à 34 % en dix ans. Forts des revenus tirés d'autres activités très lucratives comme l'assurance vie ou l'assurance de biens, les compagnies privées ont les moyens de poursuivre leur percée. Elles y ont même grand intérêt puisque, nous l'avons vu, l'assurance santé est LA clé d'or pour placer auprès des employeurs d'autres produits de prévoyance (retraite…) bien plus rentables ceux-là. Soyons donc sûrs que les assureurs ne vont pas s'arrêter en si bon chemin. Ça n'est pas par discrétion qu'ils sont finalement peu montés au créneau contre la réforme permettant de résilier son assurance à tout moment…

Que se passera-t-il quand ces acteurs, adeptes du profit, seront majoritaires ? Quid de la sélection des assurés ? Quid des tarifs ? Et surtout, quid de leurs niveaux de remboursements qui sont déjà aujourd'hui les plus bas ? Enfin, quid de la régulation des bonnes pratiques quand ces acteurs jetteront dans la bataille leurs infinis moyens financiers et leur puissant lobbying ?

Danger n° 3 : l'envolée tarifaire

Cette hyperconcentration à venir n'est pas un bon gage de stabilité tarifaire. On l'a vu ces dernières années, les complémentaires ont pour principe dorénavant de répercuter sur les assurés la moindre hausse. Et les assurés n'ont pas vu la couleur des économies d'échelle attendues de toute concentration, comme ils n'ont rien vu des effets d'une gestion plus rigoureuse toujours attendue. Enfin, lorsque les assureurs privés seront majoritaires, ils n'oublieront pas évidemment de rémunérer leurs actionnaires, les cotisations se muant alors en dividendes. Pour prévenir les effets pervers de cet oligopole annoncé, le législateur a imposé la réforme dite de « résiliation infra-annuelle », c'est-à-dire à tout moment, espérant que cette injection de concurrence dans le système apportera des gains de pouvoir d'achat. « Un milliard d'euros par an », ont promis les promoteurs du projet, comme on l'a vu. Les mutuelles, qui n'ont toujours rien compris, ont aussitôt menacé : le nomadisme assurantiel sera porteur de frais importants qu'il faudra bien répercuter. Vers qui se dirigeront alors les assurés, libres de changer ?...

Cette généreuse volonté d'instiller plus de concurrence, présente deux risques d'écueils. D'abord, elle ne va pas manquer de faire des victimes parmi les offreurs, les plus faibles d'abord. Ensuite, dès que de la concurrence s'invite quelque part, elle suscite des dépenses de publicité et de promotion aussitôt répercutées sur les assurés. Encore et encore.

Danger n° 4 : une hyperrégulation qui standardise l'offre

Redoutant, non sans raison, que les complémentaires santé toutes puissantes n'abusent le consommateur, le législateur s'est senti obligé depuis dix ans de réguler à la hache le marché de la complémentaire santé. Il l'a même « hyper encadré », regrette un document de travail édité en janvier 2021 sous le titre « L'avenir des complémentaires santé en France », et signé du très sérieux Haut conseil pour l'avenir de l'assurance maladie. Le HCAAM a pour mission de réfléchir à l'évolution de notre système de santé, c'est lui qui inspire nos dirigeants, dont le courage est rarement à la hauteur des préconisations.

Cet « hyperencadrement » qui dicte, plus encore aujourd'hui avec la réforme du 100 % santé, ce qui doit être remboursé et ne doit pas l'être, qui fixe des planchers et des plafonds de prise en charge, a fini par standardiser l'ensemble des offres au point que les mutuelles n'ont plus grand-chose à mettre en avant pour se distinguer les unes des autres, se distinguer des assurances privées et institutions de prévoyance. Toutes pareilles, toutes semblables.

Or, « les besoins de la population ne sont pas uniformes », avait glissé dans un de ces rapports annuels la Drees, pointant une faiblesse du système. De fait, s'il y a bien un domaine où la demande est variée et variable, c'est bien celui de la santé. Nous ne sommes pas tous identiques, nos attentes, nos besoins sont différents d'une personne à l'autre. Et ces besoins changent dans le temps, avec l'âge et l'évolution de la situation personnelle et familiale. Brider la liberté des mutuelles de s'adapter à nos besoins revient à écarter du système tous les assurés qui ne rentrent pas dans le moule des priorités officielles prédéfinies. On se retrouve donc dans un monde schizophrène, où le législateur désireux de protéger l'assuré s'évertue à recadrer des pratiques en fermant des portes alors que l'offre devrait être ouverte pour répondre à tous les besoins.

Danger n° 5 : toujours plus de transferts de dépenses

Si, depuis les années 1980 et l'apparition du trou de la Sécu, nos dirigeants ont longtemps caressé les mutuelles dans le sens du poil, c'est bien parce qu'ils avaient besoin d'elles. Ils en avaient besoin pour leur transférer des charges de remboursement que l'Assurance maladie obligatoire n'avait plus les moyens d'assurer, sauf à augmenter ses cotisations, ce qui, en fait, aurait été une bien meilleure solution. C'est ainsi que les mutuelles se sont spécialisées dans le remboursement des lunettes, des soins dentaires, des audioprothèses et des dépassements d'honoraires. Aujourd'hui, le bilan de ces transferts tient en un chiffre : 13,4 % des frais de santé des Français sont pris en charge par les complémentaires santé. Politiquement, cette stratégie est bien pratique puisque ce sont lesdites mutuelles qui doivent trouver le financement de ces nouvelles prises en charge. Le risque est grand, si le schéma de notre organisation actuelle perdure, de voir la Sécu, affaiblie par sa lutte – « quoi qu'il en coûte » –

contre la pandémie, ouvrir une nouvelle saison de transferts. Et les complémentaires, qui nous joueront la scène des effarouchées, se féliciteront en coulisse de ce transfert qui assoira un peu plus leur présence et leur pouvoir. L'inflation pourra repartir de plus belle.

Danger n° 6 : la fin de toute solidarité

Dans une économie libérale, les acteurs aiment à ratisser jusque dans le moindre recoin du marché. Et pour cela, il faut séduire, faire du sur-mesure. Nous l'avons vu avec les jeunes : pour les attirer les assureurs leur ont fait miroiter des contrats à prix dérisoire, jusqu'à recourir au dumping. Cette offre ciblée n'a cessé de s'étendre à des franges toujours plus nombreuses de population. Au point que le modèle dominant aujourd'hui, c'est celui qui impose un prix proportionnel au risque. Les jeunes se félicitent aujourd'hui de ne pas payer cher, mais qu'en sera-t-il lorsque dans 30 ou 40 ans, l'évolution des pratiques leur imposera de payer leur mutuelle à prix d'or ? Pourront-ils alors encore s'assurer quand, devenus retraités, ils perdront 40 % de leurs revenus et devront débourser 300 ou 400 euros par mois pour leur mutuelle ?

Danger n° 7 : l'accroissement des inégalités

À force d'avoir voulu généraliser le bénéfice d'une complémentaire santé à toute la population, force est de constater que le législateur n'a fait qu'engendrer des inégalités. Inégalités entre les générations, selon le lieu de résidence de l'assuré, selon que le contrat est « individuel » ou « collectif » et cofinancé par l'employeur. Inégalités entre salariés, selon la générosité de leur employeur. Inégalités entre ceux qui peuvent s'offrir ou pas une sur-complémentaire... Laisser prospérer cette organisation c'est l'assurance d'une permanence et d'une croissance de ces inégalités.

Danger n° 8 : la guerre des données personnelles

Pour évaluer au plus près le « risque » d'un assuré, d'un groupe d'adhérents à un contrat (une entreprise, une administration, une famille...), les complémentaires s'appuient sur les « actuaires », des matheux experts en calculs et statistiques. Récente et précieuse source d'information, la data – la donnée personnelle – leur permet d'évaluer ce risque et son prix au plus près du réel, voire de favoriser la sélection des assurés. Filon d'or, ces data et leur acquisition mobilisent dans la coulisse tous les acteurs du monde assurantiel, tant elles promettent des économies et même des revenus. Imaginez. Je suis votre assureur santé : je connais votre âge, votre lieu de résidence, votre métier et ses risques, j'ai votre historique des remboursements dont je peux souvent déduire vos pathologies, j'ai même, pour les enfants, celui de leurs parents, et je sais par la science que tel symptôme se traduit dans X % des cas par une maladie grave, donc des frais. Je peux donc déterminer ce que vous risquez de me coûter en remboursements. Mais pour y parvenir, il me faut toujours plus de données, de données personnelles.

En janvier 2020, le Rassemblement des opticiens de France (ROF), syndicat professionnel, a engagé un bras de fer avec les mutuelles qui réclamaient soudain, pour rembourser les équipements (lunettes et lentilles), des informations très détaillées sur la correction visuelle dont avait besoin le patient assuré. « Certaines ont même exigé l'ordonnance pour rembourser ! », s'est presque étouffé André Balbi, le président du syndicat. Un sacrilège, une exigence « incompatible avec le respect du secret médical », a prévenu en substance la DGCCRF, chargée de veiller aux droits du consommateur. Saisie, la Cnil (Commission nationale informatique et des libertés) s'est étonnée de ces pratiques mais a courageusement botté en touche, invitant les parties à s'entendre avec la Direction de la Sécurité sociale, voie qui n'avait toujours pas trouvé d'issue en juin 2021.

Fortes de ce silence, ces pratiques ont redoublé et, les mutuelles menaçant de ne pas rembourser le patient en l'absence des données exigées, les opticiens ont commencé à obtempérer pour ne pas pénaliser leurs clients.

Pour arriver à cette fin, les complémentaires avaient discrètement modifié les clauses de leurs contrats afin de pouvoir conditionner les remboursements à la fourniture de ce qu'on appelle les « codes détaillés de la LPP » (liste des produits et prestations), codes qui donnent accès à toutes les caractéristiques détaillées de chaque verre correcteur. Histoire de pouvoir dire : « C'est dans les contrats ». Le problème, c'est que l'on sait parfaitement, pour ne prendre qu'un exemple, que certaines pathologies de l'œil sont symptomatiques d'un risque de diabète. Les corrections de verres sont à cet égard une information précieuse pour qui doit rembourser des soins. Une information qui ne devrait regarder que le patient.

Jusque-là, les mutuelles, qui n'interviennent, rappelons-le, que si l'Assurance maladie obligatoire rembourse au moins un euro – se satisfaisaient de ce qu'on appelle les « codes de regroupement », qui donnent accès à un degré moins détaillé d'information sur les verres. Le contrôle, en réalité, est fait en amont par l'Assurance maladie obligatoire. Pourquoi aujourd'hui vouloir en savoir plus ? Pourquoi ce vol sous la contrainte de données personnelles ? D'autant que les « codes de regroupement » ont été jugés suffisants au remboursement par toutes les parties, ministère, opticiens et mutuelles comprises, lorsqu'a été élaboré et validé le nouveau « devis normalisé » des opticiens, applicable au… 1er janvier 2020. Quelle est donc cette nouvelle embrouille ?

Cette histoire peu connue du grand public illustre la nouvelle bataille des mutuelles et assureurs pour collecter toujours plus de data, entrer toujours plus dans notre intimité, quitte à passer outre le secret médical, et pouvoir ainsi mieux calculer le risque. Encore une fois : est-ce cela que l'on attend des complémentaires santé ? Et que vont-elles bien faire de ce trésor d'informations connues pour se revendre à prix d'or ?

Voici donc huit gros dangers qui guettent si nous ne changeons rien au système. Alors, on fait quoi ?

TROISIÈME PARTIE

25

Renversons la table !

Trop de choses ont été bouleversées, détricotées, dé-moralisées. Entre les 11 millions de Français qui ne peuvent plus s'offrir une complémentaire santé sans être aidés, et les 20 % à 30 % de renoncements persistants aux soins, avec bientôt 10 milliards d'euros de cotisations dilapidés en frais de gestion qui font doublon, avec une concurrence qui, par lucratisme, a perverti la majorité du système solidaire mutualiste, avec une organisation des soignants de ville déstructurée par la pression des réseaux des soins et des assurés soumis aux remboursements différenciés, avec l'impossibilité grandissante de choisir librement et de façon éclairée sa mutuelle, en l'absence de tiers payant généralisé et intégral, avec la récente réforme instaurant le « 100 % santé » et le reste à charge zéro... En quoi les mutuelles, assureurs privés et institutions de prévoyance sont-ils encore utiles à la couverture santé ? Franchement ?

Dans son rapport de 2017 sur le système d'assurance santé, la Cour des comptes montrait déjà la voie en considérant que « la coexistence de deux systèmes différents pour assurer les mêmes risques conduit en premier lieu à une mauvaise mutualisation entre malades et bien portants ». Plus loin, elle pointait une redondance : « Les dépenses de fonctionnement des deux assurances s'additionnent pour la gestion des mêmes aléas. » Allusion à l'époque aux 6,4 millions d'euros dépensés par les complémentaircs santé en frais de gestion et les 6,5 millions d'euros que l'Assurance maladie obligatoire y consacrait.

Avant les Sages de la rue Cambon, un rapport de l'Inspection générale des affaires sociales avait tenté en 2008 de réveiller la conscience anesthésiée des patients-consommateurs : « Les assurés semblent avoir une mauvaise connaissance à la fois du produit auquel ils ont souscrit et du marché. Il apparaît que les gains associés à un changement d'assureur sont minorés tandis que les coûts de transaction de ce changement sont surestimés. » Un vrai constat de l'état de captivité durable des assurés. Assurés qu'il faut donc libérer, délivrer…

Coûteuses, gaspilleuses, liberticides, désorganisantes, réfractaires, égoïstes… (on va s'arrêter là), les mutuelles se sont dévoyées toutes seules. Certaines sont encore vertueuses, efficaces ? Mais pour combien de temps encore ? L'heure n'est plus au tri. Si elle veut retrouver de l'efficience et de l'équité, la France n'a d'autre choix que de réformer radicalement son système assurantiel à bout de souffle. Et tout chambouler.

La réforme en profondeur du système d'assurance maladie figurait déjà entre les lignes du rapport de la Cour des comptes de 2016. Cette nécessité s'est également invitée dans le programme de plusieurs candidats à la présidentielle de 2017.

Pas encore président, Emmanuel Macron ne proposait pas la révolution, juste une évolution. « Pour améliorer la couverture santé des Français, disait-il, les régimes obligatoires et complémentaires doivent travailler ensemble à une meilleure régulation des marchés. » Pour cela, il proposait plus de transparence et de concurrence, mais dessinait déjà les contours du dispositif « 100 % santé », une promesse tenue. Le « travailler ensemble » et le « plus de concurrence » ont quant à eux vite montré leurs limites... Le cœur de François Fillon, furtif candidat Les Républicains, battait clairement pour le monde assurantiel qu'il voulait placer sous une tutelle commune avec l'Assurance maladie obligatoire. Perspective de privatisation vite retirée, face au tollé suscité.

C'est à gauche que les propositions de rupture ont été les plus nombreuses. Le candidat à la primaire socialiste, Vincent Peillon, préconisait de créer une « complémentaire santé publique », financée par la CSG. Sur la même longueur d'onde, Arnaud Montebourg défendait une « mutuelle publique » à moins de 10 euros par mois pour les revenus inférieurs au SMIC. Jean-Luc Mélenchon, pour la France insoumise, voulait créer une « Sécurité sociale intégrale », couvrant 100 % des dépenses de santé des Français, sans dire lesquelles. Il en avait évalué le coût : 17 milliards d'euros par an qu'il annonçait vouloir financer ainsi, lors d'une interview sur RTL : « Je réalise des économies de gestion sur ce que faisaient les complémentaires » et « en plus je récupère les 3,5 milliards d'euros d'allégements fiscaux qui sont reconnus aux gens qui prennent la complémentaire ».

Toutes ces pistes démontrent que l'idée d'une réforme de rupture, écartant plus ou moins les complémentaires santé, n'est pas si saugrenue qu'il y paraît. Bien au contraire.

La paternité de l'idée d'une « assurance maladie universelle », avec « prise en charge à 100 % » des frais de santé des Français, sans intervention des complémentaires santé, a été lancée à l'occasion d'une tribune publiée dans *Le Monde* du 14 janvier 2017 sous la double plume de deux personnalités en vue de la société civile, l'économiste et directeur de la Chaire santé à Sciences-Po, Didier Tabuteau, et Martin Hirsch, directeur général de l'Assistance publique-Hôpitaux de Paris, ancien directeur d'Emmaüs et ancien Haut Commissaire aux solidarités actives. Les auteurs de la tribune admettent qu'il s'agit d'une idée « à contre-courant de la pensée dominante ». Pour autant, estiment-ils, « cela n'est pas une utopie », bien au contraire, « c'est une source d'économies et d'amélioration » pour les Français.

Cette proposition de rupture a été aussitôt balayée par le futur ex-président de la Mutualité française dans une interview au *Figaro* du 19 janvier 2017. Selon Thierry Beaudet, l'idée est « infaisable et insoutenable », car « l'assurance maladie reste l'homme malade de la Sécurité sociale ». Pour lui, la solution viable, c'est… d'accorder « davantage de prérogatives aux mutuelles ». Un copier-coller des positions défendues par la fondation Concorde, « think-tank indépendant », qui n'hésite pas à défendre les réseaux de soins des mutuelles « qui ont su, estime la fondation, faire baisser les prix », et qui fustige en même temps l'idée de créer une assurance maladie universelle au motif que les professionnels de santé en seraient également victimes : « Les pouvoirs publics seront encore une fois tentés de limiter leur rémunération, déjà faible par rapport à celle de leurs homologues européens. » Ainsi, la Fondation Concorde qui inspire la Mutualité française salue la baisse de prix imposée aux professionnels de santé par les réseaux de soins des mutuelles, mais s'inquiète que les pouvoirs publics puissent réduire la rémunération des professionnels de santé… Allez y comprendre quelque chose ! Ah oui : si ce sont les mutuelles qui l'imposent, là c'est légitime.

On a tous bien vu en tout cas où cela mène de confier « davantage de prérogatives » aux mutuelles… Car depuis 2016, la situation s'est encore dégradée sous tous ses aspects : tarifs, solidarité, transparence, empathie, équité…

Il est donc temps de renverser la table, puisque rien ne va plus, et d'en finir avec ce système de financement croisé, à deux étages, aux intérêts divergents et aux coûts qui s'additionnent.

26

Faire mieux et moins cher n'est pas si compliqué !

On pourrait s'arrêter à ce stade final du constat et de la critique, renvoyant chacun à trouver des solutions. Ce qui alimenterait inévitablement la critique du critique, et se solderait par un statu quo.

Il m'a semblé au contraire utile d'éclairer maintenant les assurés et non-assurés sur le fait qu'il est possible de métamorphoser notre système, sans douleur, sans surcoût, sans pertes. Bien au contraire. Des solutions existent, elles ont déjà prouvé leur pertinence et leur potentiel. Tout n'est plus qu'une question d'adaptation, de décisions politiques, de courage.

Les élections présidentielles et législatives de 2022 sont l'occasion d'un vrai changement pour que cessent la dérive, les abus et les insuffisances. Car ça bouge, et ça bouge bien au-delà du terrain ! Le Haut Conseil pour l'avenir de l'assurance maladie, qui a l'oreille de nos dirigeants, peaufine un rapport très attendu sur l'avenir de la structuration de notre système d'assurance santé. Les premières pistes ont été dévoilées à l'occasion d'une réunion de ses membres le 24 juin 2021, mais aucun document écrit n'a été diffusé. Une pratique inhabituelle qui illustre la délicatesse du sujet et de la période. On sait néanmoins en tout cas que contrairement à son usage le HCAAM a esquissé au moins quatre scenarii de changements, et de changements profonds, sans en privilégier un, semblait-il, tant la situation s'est tendue. L'une d'elles vise notamment à (ré) « intégrer tout ou partie des garanties » dans le giron de la Sécu, avec la conséquence d'en exclure les complémentaires, évidemment.

Et ça tombe bien, le ministre de la Santé, Olivier Véran – qui en a forcément eu vent – a demandé par écrit fin juillet à cette instance d'approfondir ses travaux pour dégager plusieurs pistes visant à réformer l'articulation des prises en charge de l'Assurance maladie obligatoire et de celles des complémentaires santé. Sans doute vivement incité par son président, Macron (voir l'interview d'Agnès Buzyn au chapitre 2), le ministre de la Santé réclame même des pistes « de rupture ». Il demande également au conseil d'évaluer « l'acceptabilité » de ces pistes « pour l'ensemble des acteurs, notamment pour les assurés »... Le ministère préparerait le terrain pour un grand chambardement qu'il ne s'y prendrait pas autrement. L'idée d'une « Grande Sécu » se dessine doucement mais sûrement. Enfin du pragmatisme dans les actions. Reste à savoir jusqu'où iront les intentions.

À côté du HCAAM, la Cour des comptes a remis à la mi-juillet – dans une certaine discrétion – son rapport commandé par l'Assemblée nationale sur les complémentaires santé. Et nul doute que ce rapport remis en période estivale a vocation à ressurgir, tambour battant, à la rentrée, particulièrement au moment où débutera le traditionnel débat sur le Projet de loi de financement de la Sécurité sociale pour 2022 et qu'il pourrait bien inspirer de premiers amendements… de rupture. Car le rapport de 150 pages rédigé par les sages de la rue Cambon n'est pas tendre. Ni avec l'organisation du système actuel qui « peine » sans cesse à « atteindre les objectifs qu'il s'est fixés », ni avec les complémentaires. « Malgré son très fort encadrement, écrit la Cour, le système des complémentaires apparaît, pour partie, inégalitaire, favorisant les actifs et, en leur sein, les salariés du secteur privé, au détriment du reste de la population, en particulier des personnes retraitées, qui du fait des pratiques de tarification à l'âge, doivent s'acquitter de cotisations élevées. » Je n'ai rien démontré d'autre dans ce livre !

La Cour va même jusqu'à faire plusieurs recommandations, dont une devrait sévèrement agacer le Landerneau des mutuelles, puisqu'elle consiste à standardiser plus encore l'offre en imposant aux complémentaires santé « de proposer des offres au contenu prédéfini. Chaque organisme resterait toutefois libre de ses prix et pourrait continuer de proposer, à côté de celles-ci, d'autres types d'offres ». Et voilà qui, sans contester la pertinence du conseil, renvoie à cette question : si tout est standardisé, à quoi cela sert-il d'avoir 439 complémentaires santé ? Voire : à quoi serviraient encore les mutuelles ?

Obtenir l'adhésion des Français

Mais il faudra de l'audace et de la persévérance pour conduire cette nécessaire rupture avec le monde d'avant. Il faudra aussi obtenir l'adhésion éclairée des Français. Le référendum doit être à cet égard l'outil incontestable d'une adhésion générale au changement.

27

Pour une assurance maladie intégrale universelle

Alors, on fait quoi ?

Notre chance, c'est que la période est plus propice que jamais aux changements, particulièrement en matière de santé, avec une montée des mécontents et des attentes. Mais la réussite de ce changement s'appuie, disons-le d'entrée, sur trois conditions sine qua non et de rupture. D'abord, obtenir l'adhésion des Français au projet (le référendum). Ensuite, tout simplifier : supprimer les douze régimes spéciaux d'assurance santé pour n'en conserver qu'un, le principal, le bras armé de la Sécurité sociale : la Caisse nationale d'assurance maladie. Enfin, mettre fin à la concurrence dans le secteur de l'assurance santé. Cette concurrence qui coûtera bientôt 10 milliards d'euros par an en frais de gestion, d'administration et de conquête. Ce qui implique de mettre fin à la prétendue complémentarité des mutuelles avec l'Assurance maladie obligatoire. Donc on coupe le cordon et on largue le deuxième étage de la fusée qui a suffisamment montré ses insuffisances.

Ainsi libérés des avatars et des faux frères du régime de base, il est possible de rebâtir une assurance maladie à la fois intégrale et obligatoire, solidaire et égalitaire.

Cette déconstruction a d'énormes avantages, dont celui de permettre une clarification des rôles, de rendre notre système lisible, de simplifier les procédures de prise en charge des soins, de réduire le nombre d'interlocuteurs des patients et professionnels, de dégager des gains de productivité, des économies d'échelle et de frais de gestion en mettant fin à la concurrence dans un domaine où elle n'aurait jamais dû mettre un pied : la santé de chacun et de tous.

Ainsi et enfin serait-il mis un terme à une double méprise : « la métamorphose silencieuse des assurances maladies » et « l'illusoire équivalence entre la Sécurité sociale et les complémentaires », selon les réquisitions de Didier Tabuteau, dans son livre *Démocratie sanitaire. Les nouveaux défis de la politique de santé* (Odile Jacob, 2013). Pour l'expert en protection sociale, c'est clair : « L'assurance maladie doit reprendre la main sur les remboursements et redevenir l'acteur central. » De fait, aucun projet alternatif à l'organisation actuelle ne peut se concevoir sans l'implication de la Caisse nationale d'assurance maladie (Cnam), qui pilote depuis 1945 les 102 caisses primaires au bénéfice de 95 % des Français. Voulue obligatoire et solidaire par ses fondateurs, la Caisse nationale d'assurance maladie obligatoire doit redevenir le pilier central du système.

28

Dégager sans douleur 55,5 milliards d'euros de marge de manœuvre

Les premières questions qui viennent à l'esprit quand on parle de tout rebâtir sont, bien sûr... comment finance-t-on ce nouveau dispositif ? Combien coûtera-t-il ? Et pour quels niveaux de prise en charge au final ? La bonne surprise, c'est que cette mutation est possible sans réduction de prise en charge et sans qu'il en coûte un euro de plus aux assurés, bien au contraire.

Pour faire simple, les complémentaires santé ont collecté en 2021 autour de 40 milliards d'euros de cotisations. Mais elles prélèvent aussi la taxe de solidarité additionnelle, de 13,27 %, soit 5,5 milliards d'euros.

La question se pose des avantages fiscaux accordés aux entreprises cofinançant la complémentaire santé et à leurs bénéficiaires. Ce montant, cet effort de la collectivité, est évalué par la Cour des comptes dans son rapport de juillet 2021 sur l'assurance complémentaire santé non pas à

3,5 milliards d'euros, comme l'ont évalué certains responsables politiques en 2017, mais bien à 10 milliards d'euros ! Dix milliards de pertes de recettes fiscales pour un si maigre résultat. Le prélèvement à la source des cotisations d'assurance maladie, de base et complémentaire, impliquera à la fois la suppression de la contribution des employeurs (qui crée une inégalité entre salariés d'un côté, inactifs et travailleurs indépendants de l'autre), ainsi que la fin des avantages fiscaux liés à ce qui est fiscalement considéré comme un avantage en nature offert aux salariés par les employeurs. Ce qui signifie pour ces derniers, la fin de l'exonération de charges et d'impôt sur les sociétés sur leur part de contribution à l'assurance santé de leurs salariés, et pour ces derniers la fin de l'exonération d'impôt sur la contribution reçue de l'employeur. Ce sont donc ainsi 10 milliards d'euros supplémentaires qui alimenteront la nouvelle organisation.

Au total, sans effort supplémentaire, nous savons maintenant que nous pourrons disposer de 55,5 milliards d'euros pour réorganiser notre système, sans perte d'avantage (c'est l'engagement) ni surcoût pour les assurés. Une énorme marge de manœuvre. Une bouffée d'oxygène telle qu'elle permettra de faire beaucoup mieux et sans doute pour moins cher !

Des cotisations proportionnelles aux revenus

Les Français doivent continuer de financer leur couverture santé, comme ils le faisaient jusque-là avec les cotisations versées aux mutuelles, taxes comprises. Sans surcoût global mais selon une méthode de prélèvement forcément différente. La solution la plus simple consiste à recourir à la CSG, taxe qui touche tous les revenus des personnes, dès lors qu'elles résident en France et dépendent d'un régime d'assurance maladie obligatoire : salaires et primes, pensions de retraite, allocations chômage, revenus de placements (épargne, assurance vie...), loyers, plus-value immobilière, gains aux jeux... On ne peut rêver plus grande assiette, meilleure répartition de l'effort et meilleure productivité d'une taxe qui est – autre avantage – prélevée par un seul efficace délégataire : l'Urssaf. Comme aujourd'hui, les plus démunis seront exonérés de cotisations. Les sept millions de bénéficiaires de la complémentaire santé solidaire sont concernés, et sans doute davantage.

Dégager sans douleur 55,5 milliards d'euros…

On sait maintenant que l'on peut disposer de plus de 55 milliards d'euros pour réformer et améliorer notre système, sans effort ni usine à gaz.

29

Adapter les moyens

On ne réussit pas une telle mutation systémique sans adaptation des moyens. Et en premier lieu, il faut recruter des personnels pour compenser le surcroît de travail de la nouvelle assurance maladie intégrale. Une – petite – partie des quelques 120 000 salariés qui travaillent pour le secteur de l'Assurance maladie complémentaire (AMC) pourrait ainsi être invitée à changer d'employeur. Une « petite partie » car l'extension du champ de compétence de l'actuelle Assurance maladie obligatoire (AMO), dont les 71 000 agents prennent déjà en charge 95 % de la population, générera d'importants gains de simplification et de productivité, notamment en mettant fin au double traitement (AMO + AMC) de plus d'un milliard de feuilles de soins chaque année et à des blocages. À titre indicatif, en 2021 un employé de l'Assurance maladie obligatoire traite trois fois plus de feuilles de soins par an que son alter ego des complémentaires santé qui voit encore passer beaucoup de documents papier. Concrètement, par exemple : le groupe VYV (Harmonie mutuelle, MGEN MGEFI, MNT...) qui revendique 11 millions d'assurés, emploie 45 000 salariés quand la Caisse nationale d'assurance maladie, qui couvre 63,6 millions d'habitants, n'a besoin que de 78 000 agents. Un salarié pour gérer 244 assurés chez VYV versus un agent pour 895 assurés à la Sécu. Les mythes tombent... Trop de personnels dans les mutuelles ? Excès de procédures ? Mauvaise organisation ? Pour mémoire, la Caisse nationale d'assurance maladie a engagé depuis longtemps sa mutation vers plus d'efficience : fin 2004 elle comptait 103 397 agents, puis 85 183 en 2018. Pour 2022, la Convention d'objectifs et gestion, signée avec l'État en 2018, a fixé un objectif de 77 633 collaborateurs. Ainsi, en dix-huit ans, l'Assurance maladie a su réduire ses effectifs de 25 %. Et les mutuelles ?

Augmenter les effectifs de la Caisse nationale d'assurance maladie de 20 %, soit 15 500 postes créés, générant une dépense d'environ 750 millions d'euros par an, doit suffire pour faire face au surcroît de travail.

Avec un système d'assurance maladie intégrale et unifié telle que préconisé, fini la paperasse puisque tous les process pourront enfin être uniformisés, dématérialisés et optimisés. Fini les coûteux flux informatiques entre assurance maladie et complémentaires santé, et fini les ruineuses – rappellent régulièrement les mutuelles pour justifier leurs frais – mises à jour de milliers de contrats lorsque change la réglementation. Savez-vous que les experts évaluent à 2 % des cotisations HT le coût de l'informatique des mutuelles et autres assureurs santé ? 800 millions d'euros par an ! Fini aussi le coût des appels de cotisations et le contentieux qui va avec, puisque tout sera prélevé à la source, par les Urssaf. Terminé les interminables délais de paiement aux professionnels de santé et aux assurés par les complémentaires puisque l'Assurance maladie obligatoire est déjà tenue aujourd'hui de rembourser sous sept jours.

Cette consolidation des fondations validée, il faut maintenant rebâtir la maison.

30

Assurer une prise en charge à 100 %

Comment faire en sorte que les Français restent aussi bien couverts, aussi bien remboursés et pris en charge ? Avec 55,5 milliards d'euros désormais disponibles pour réformer, réorganiser, dont 8 milliards de frais de gestion qui s'envolaient, on ne peut faire que mieux qu'avant, lorsque les complémentaires ne parvenaient à distribuer que 30,4 milliards d'euros de prestations (2019) sur 38,3 milliards de cotisations collectées... Les moyens, nous les avons largement, ils sont le fruit de la déconstruction. Reste la méthode.

Plusieurs voies sont envisageables pour garantir et améliorer la prise en charge des patients. Certaines ont déjà été explorées, notamment lors de la présidentielle de 2017 (lire plus haut). La plus simple, la plus lisible était défendue dans leur tribune de janvier 2017 par Didier Tabuteau et Martin Hirsch, elle consiste à faire de la Caisse nationale d'assurance maladie, la Cnam, une « assurance maladie universelle », un payeur unique, fruit de la fusion entre l'AMO (Assurance maladie obligatoire) et l'AMC (l'Assurance maladie complémentaire). « Il serait logique que ce soit l'Assurance maladie qui rembourse tout puisqu'elle rembourse déjà l'essentiel », plaidait alors le directeur de la Chaire santé de Sciences-Po.

Mais faire de la Caisse nationale d'assurance maladie le financeur unique de nos dépenses de santé reviendrait à étatiser totalement notre système. Avec le risque d'un retour aux bonnes vieilles habitudes des tutelles : ne regarder que les indicateurs, tout imposer, serrer toujours plus la vis, un jour aux uns, un jour aux autres, selon la majorité en place, et surtout éviter toute hausse nécessaire et visible de cotisation car les élections ne sont jamais loin… L'autre risque lié à un financeur exclusif, c'est de favoriser une santé à deux vitesses, les plus aisés ayant recours à une organisation de soins parallèles, privée et moins réglementée. À cause de tous ces risques bien connus, recourir à un financeur unique public, sous tutelle politique, serait une erreur, une menace permanente.

Pour faire face à tous ces enjeux et assurer le plein succès de la refonte, un binôme aux qualités complémentaires s'impose donc : adossé à la Caisse nationale d'assurance maladie, son réseau de caisses primaires et sa logistique parfaitement rodée, qui d'autre pourrait mieux l'épauler, pour prendre en charge à 100 % les dépenses de santé, que le peu connu « Régime local d'Alsace-Moselle » ? Cette complémentaire santé, dont le siège est à Strasbourg, se distingue par le fait qu'elle est à adhésion obligatoire, cotisation proportionnelle aux revenus, frais de gestion quasi-nuls – 1,05 % – et gouvernance assurée par les partenaires sociaux représentant les assurés.

Ce binôme fonctionne déjà, et de façon exemplaire et transparente, sur les trois départements du Haut-Rhin, du Bas-Rhin et de la Moselle. Sa mise en place au niveau national nécessite cependant des aménagements réglementaires et législatifs pour qu'il puisse atteindre sa pleine efficacité en toute équité puisque le « Régime local », ou « RL » est aujourd'hui bridé par une curieuse réglementation sélective. Nous y reviendrons. Ainsi la France disposerait-elle d'une Assurance maladie intégrale à adhésion obligatoire, solidaire et égalitaire. On peut déjà l'appeler par son acronyme : l'AMI…

Rembourser tout ce qui est efficace et essentiel

On ne peut pas demander l'impossible à la Sécu. Ou alors, il faut demander l'impossible aux assurés-cotisants. En 2013 déjà, le Conseil d'analyse économique s'était penché sur notre système de santé, son coût et sa complexité. Il avait à l'époque proposé trois scenarii de réforme dont le plus intéressant a pris forme en 2019. Il consiste à créer des « Paniers de soins solidaires » remboursés « à 100 % ou près de 100 % », disait le rapport du CAE, le reste des dépenses n'étant pas pris en charge du tout par l'assurance maladie. La philosophie qui l'inspirait était simple : « Si un soin est utile, il faut le prendre en charge intégralement. S'il ne l'est pas, il ne faut pas le rembourser », résumaient les auteurs du rapport. Voilà qui est clair.

La question qui suit est, elle aussi, très simple : qu'entend-on par soin utile, et jusqu'où va le concept d'utilité ? C'est là que les autorités scientifiques peuvent intervenir et nous éclairer. Comme elles le font déjà, par exemple, avec les médicaments classés selon leur degré d'efficacité en cinq niveaux, allant de « service médical rendu insuffisant », à « service médical rendu majeur », en passant par faible, modéré et important. Au législateur de fixer le curseur en favorisant la qualité des prestations et un large accès aux soins.

Potentiellement, l'AMI a tous les moyens pour faire bien mieux qu'aujourd'hui puisqu'elle peut compter potentiellement sur 48,8 milliards d'euros d'économies générées par la réforme quand les mutuelles et assureurs santé ne reversaient en 2019 que 30,4 milliards…

31

Mise en place d'un bouclier sanitaire

Cette réforme doit évidemment servir à améliorer considérablement l'efficacité du système d'assurance santé des Français ainsi que leur accès aux soins. Avec en arrière-plan cette interrogation : faut-il encore réduire le reste à charge des Français qui, à 6,9 % en 2019, est déjà le plus bas du monde ? Ainsi posée, la question est viciée, car chacun sait que cette moyenne recouvre d'importantes disparités en termes de niveau mais aussi d'effort supporté par l'assuré. 200 euros de reste à charge annuel, ce n'est pas la même contrainte pour un salarié au SMIC et pour un cadre dirigeant. Exemple concret : selon la Drees, après remboursement par l'Assurance maladie obligatoire, une des plus généreuses au monde, 1 % des patients soignés sont tout de même confrontés chaque année à un reste à charge supérieur à 3 700 euros, avec une facture moyenne de 5 600 euros ! Et même 7 600 euros pour un patient sur mille. Plusieurs exemples liés aux hospitalisations pour cause de Covid ont illustré en 2020 et 2021 cette réalité. Ces sommes colossales, aucune complémentaire santé ne les rembourse intégralement, évidemment. C'est typiquement ce que les économistes de la santé appellent un « reste à charge catastrophique », comme il en résulte souvent des accidents de la vie. Une vraie anomalie et souvent des drames humains. En 2019, le reste à charge global (RAC) des ménages, c'est-à-dire le montant sorti finalement de la poche des patients après remboursement des assurances obligatoires et complémentaires, s'est élevé à 14,3 milliards d'euros. Pour chaque Français, ce RAC représente une dépense moyenne de 213 euros par an.

Un vrai débat existe dans notre société sur la légitimité de ce reste à charge. Les tenants de son maintien soulignent qu'il est déjà le plus bas du monde et qu'il évite de donner le sentiment d'une gratuité des soins, qu'il responsabilise l'assuré. Les tenants de sa disparition dénoncent quant à eux le taux persistant de renoncements aux soins – entre 15 et 30 % selon les sources et les soins – ainsi que des situations à reste à charge très élevé pour légitimer une meilleure prise en charge et donc une baisse du RAC voire sa suppression.

RESTE À CHARGE DES MÉNAGES SUR LES DÉPENSES DE SANTÉ (AU SENS INTERNATIONAL)

Pays	Taux	Pays	Taux
1er. France	7 %	**Moyenne UE**	16 %
2e. Luxembourg	11 %	**14e. Royaume-Uni**	17 %
3e. Pays-Bas	11 %	**18e. Belgique**	19 %
7e. Allemagne	13 %	**20e. Espagne**	22 %
9e. Danemark	14 %	**21e. Italie**	24 %

(Source : OCDE, OMS, Eurostat. 2018)

La bonne réponse est sans doute, comme souvent, à mi-chemin : supprimer le reste à charge des plus modestes est une évidente nécessité. Supprimer le RAC sur les soins lourds et vitaux, les affections longue durée et maladies chroniques l'est tout autant.

Quant à responsabiliser les patients, une première mesure simple s'impose : tout patient recevant des soins, quels qu'ils soient, doit repartir avec, en main, une facture claire et précise. Qui sait ce qu'a coûté son hospitalisation à la collectivité ? Ses soins dentaires ? Sa prothèse de hanche ou du genou ? Ses séances de kiné, son IRM ?... La France dépense près de 250 milliards d'euros par an à rembourser des soins, ce dont personne n'a pris conscience.

Certains pays ont mis en place un système de « franchise », seuil de dépenses de santé en deçà duquel l'Assurance maladie obligatoire n'intervient pas, pour lui permettre de se concentrer sur le soin lourd, essentiel. La Cour des comptes a fait en 2016 diverses simulations montrant les effets de différents scenarii, avec ou sans franchise et avec différents plafonds de reste à charge. Il n'y a plus qu'à arbitrer.

Pour autant, la solidarité impose de mettre en place un véritable « bouclier sanitaire » et avec lui des plafonds annuels de reste à charge. Ce plafonnement du reste à charge existe déjà chez plusieurs de nos voisins : Allemagne, Autriche, Belgique, Pays-Bas, Norvège, Suède et Suisse, où il fait ses preuves en termes d'équité et de moyens laissés aux patients pour vivre.

Ce système existe déjà en France (mais n'a pas une vocation sociale), c'est le plafonnement de la « franchise médicale », contribution due par l'assuré et non remboursable sur chaque boîte de médicament, transport sanitaire et acte paramédical : 50 euros par an au maximum peuvent être prélevés sur les remboursements de l'assurance maladie. Un bouclier global peut permettre de réduire de moitié le RAC moyen des Français pour le ramener sous la barre des 10 euros par mois, au bénéfice exclusif des plus défavorisés, moyennant un coût global de 5 milliards d'euros par an, soit le produit (en 2019) de la taxe sur les contrats santé.

Refaisons donc les comptes. Pour maintenir les niveaux de couverture actuels des assurés, 31 milliards d'euros. Pour l'embauche de personnels supplémentaires : 750 millions d'euros par an. Pour exonérer de cotisation les plus défavorisés : 5,1 milliards d'euros. Pour financer un bouclier sanitaire : 5 milliards d'euros. Nous en sommes à 41,85 milliards de dépenses. Il reste donc, sur les économies tirées de la réforme, 7 milliards d'euros pour faire mieux, faire autrement. Par exemple, augmenter la rémunération des médecins généralistes, baisser les factures des assurés…

32

Généraliser le « régime complémentaire d'Alsace-Moselle »

Hérité en 1871 de l'annexion à l'Allemagne de Bismarck des départements du Haut-Rhin, du Bas-Rhin et de la Moselle, le « Régime local » a réussi à perdurer après de véritables batailles législatives, parfois jusque dans la rue, menées par ses bénéficiaires qui ne souhaitaient pas rejoindre le régime général du reste de l'Hexagone, jugé, avec raison, moins protecteur. Le tableau ci-après démontre, si besoin était, les apports de ce régime complémentaire qui ne laisse à l'assuré que 7 % de reste à charge, à moindre coût, et qui pourrait faire bien mieux si on lui en avait laissé les moyens, notamment réglementaires.

COMPARATIF DE TAUX DE REMBOURSEMENT

Type de frais	Assurance maladie obligatoire	Avec le Régime Alsace-Moselle
Consultation de base généraliste secteur 1, dentiste...	70 %	90 %
Auxiliaires médicaux (infirmière, kiné...)	60 %	90 %
Acte de biologie, ECBU	60 %	90 %
Médicaments, vignette blanche Vignette bleue Ex-vignettes orange ou jaune	65 % 30 % 0	90 % 80 % 15 %
Optique	60 %	90 %
Prothèses audio	60 %	90 %
Orthopédie	60 %	90 %
Hospitalisation	80 %	100 %
Forfait hospitalier	0	20 €/jour
Frais de transport	65 %	100 %
Cure thermale (hydrothérapie)	65 %	95 %

(Source : Ameli)

N.B. : Taux de remboursement applicable à la « base de remboursement de la Sécurité sociale » parfois inférieure au tarif payé. (Exemple avec le remboursement d'une consultation chez un pédiatre de secteur 2 (avec dépassement d'honoraire) facturée 50 euros : l'Assurance maladie obligatoire remboursera 70 % de la base de remboursement (23 euros), soit 16,10 euros, auxquels s'ajoute la contribution du Régime d'Alsace-Moselle, soit un total de 20,70 euros.)

Cette complémentaire santé autogérée par les représentants des assurés (délégués syndicaux), doit être généralisée à l'ensemble du pays et se superposer au régime général de base devenu universel, de façon quasi invisible. Exactement comme c'est déjà le cas en 2021 encore en région Alsace-Moselle, à la plus grande satisfaction des usagers. Concrètement, cette « transparence » se traduit par une carte d'assurance unique, la carte Vitale, et par un interlocuteur unique : les CPAM, Caisses primaires d'assurance maladie, dont chacun dépend, et qui se chargent d'ouvrir les droits, de gérer les remboursements et prises en charge. Même la collecte des cotisations est « invisible » puisque c'est l'Urssaf qui prélève sur les cotisations sociales la quote-part affectée au Régime local. Cette cotisation, identique pour tous les assurés, est proportionnelle aux revenus : 1,5 % du salaire brut ou des revenus de remplacement (pension, allocations...), sans plafond. Chômeurs, invalides, et retraités y sont affiliés, ainsi que leurs ayants droit, et peuvent être, sous conditions de ressources, dispensés de cotisation. C'est le cas de 20 % des retraités, par exemple. 1,5 %, cela représente une cotisation moyenne, pour l'ensemble des bénéficiaires du régime, de 233 euros par an. Soit le quart du tarif moyen constaté par les récentes enquêtes sur le reste du territoire (880 euros).

L'affiliation au Régime local donne droit en moyenne à 23 % de prise en charge supplémentaire des frais de santé après intervention du régime de base obligatoire. Une prise en charge calculée, comme pour les mutuelles classiques, sur la « base de remboursement de la Sécurité sociale », sans pouvoir, en revanche, dépasser 100 % de cette base. C'est aujourd'hui le point faible de ce régime : la réglementation l'empêche de couvrir la totalité du ticket modérateur et de rembourser par exemple les dépassements d'honoraires et les paniers « 100 % santé », ce qui contraint ses bénéficiaires à souscrire, mais à moindre coût puisqu'ils sont mieux remboursés à la base, une « sur-complémentaire » facultative. Une réforme pour mettre fin à cette anomalie, pour ne pas dire avantage accordé aux mutuelles classiques, s'impose. Malgré cette contrainte, la facture des Alsaciens et Mosellans est de 40 % inférieure au reste de l'Hexagone.

L'originalité de ce régime particulier tient aussi à sa gouvernance, exercée par les partenaires sociaux, qui représentent les assurés. Il est intéressant de rapporter au passage qu'avant 1994, le Régime local était piloté par plusieurs ministères et qu'il s'est trouvé déficitaire à partir de 1980 et jusqu'à la réforme de 1994 qui a donné son autonomie de gestion au régime. Depuis, le « RL », comme on dit ici, est à l'équilibre ou excédentaire et ses réserves financières s'élèvent à 300 millions d'euros. Parce qu'il est adossé à l'Assurance maladie obligatoire et aux

Urssaf qu'il indemnise pour leurs services, et parce qu'il n'emploie que six salariés, ses frais de gestion sont dérisoires : 1,05 % des cotisations hors taxes.

« La bonne santé financière du régime relève davantage de ses modalités de régulation que de comportements de consommation médicale différents », relevait Antoine Durrleman, ancien président de la 6e chambre de la Cour des comptes, lors d'une audition au Sénat, en décembre 2011. Allusion du sage de la rue Cambon, à la latitude dont dispose le conseil d'administration du régime pour augmenter ou baisser les cotisations, dans une fourchette réglementaire comprise entre 0,75 % et 2,50 % des revenus, et au fait qu'il peut aussi décider du niveau de ses remboursements. Ainsi, les médicaments à service médical rendu « faible » ne sont pas pris en charge du tout, au nom de l'efficacité de la dépense. Une souplesse de gestion dont le Régime local est loin d'abuser puisque le taux de cotisation est inchangé depuis 2012. Le Régime fait même mieux puisqu'en période délicate, il a déjà eu recours, comme nous l'avons vu, au « déficit piloté », c'est-à-dire qu'il pioche ponctuellement dans ses réserves pour éviter des hausses de cotisation, en attendant des jours meilleurs pour reconstituer ces réserves…

Des techniques légales existent donc pour éviter la hausse des cotisations ?

Les avantages du nouvel « AMI »

- Régime d'assurance santé unique et obligatoire.
- Retour à la solidarité nationale et intergénérationnelle puisque les cotisations sont proportionnelles aux revenus.
- Plus de sélection des assurés par l'argent.
- Des frais de gestion limités à 5,5 % pour les deux régimes associés contre 25 % avec les mutuelles.
- Meilleure prise en charge des frais de santé pour tendre vers un vrai « 100 % remboursé » grâce aux économies dégagées.
- Un reste à charge maximum de 7 % voire zéro avec le bouclier sanitaire pour les plus défavorisés.
- Baisse du renoncement aux soins puisque l'adhésion est obligatoire et les soins mieux pris en charge.
- Un seul interlocuteur pour l'assuré et le professionnel : les CPAM.
- Une seule carte d'assuré.
- Possibilité de généraliser rapidement le tiers payant intégral auquel les mutuelles renâclent de longue date.
- Économie finale de 40 % même en cas d'adhésion à une sur-complémentaire.

- Plus de rupture des droits en cas de changement de situation, de déménagement...
- Plus besoin de changer de complémentaire pour économiser.
- Plus de hausses des tarifs incontrôlées (sauf cas de sur-complémentaire).
- Plus de profits pour l'opérateur.
- Une gouvernance bénévole, assurée par les partenaires sociaux, dans l'intérêt exclusif des assurés.
- Fin des réseaux de soins qui n'ont plus de raison d'être et retour au libre choix de son professionnel de santé et donc fin des remboursements différenciés pénalisants.
- Plus de retards de paiement, l'Assurance maladie obligatoire étant déjà obligée aujourd'hui de rembourser sous sept jours.
- Suppression du risque de captation et de commercialisation des données personnelles de santé.
- Baisse des fraudes et impayés avec le prélèvement des cotisations à la source.
- Réactivité accrue en cas de nouvelle pandémie puisqu'un seul opérateur aux commandes.
- Disponibilité d'une partie au moins du trésor de guerre accumulé par les complémentaires au titre de leur solvabilité, et souvent très supérieur aux obligations légales.

33

Un régime complémentaire facile à généraliser

Les responsables du régime d'assurance maladie complémentaire d'Alsace-Moselle, dit « Régime local », ainsi que plusieurs députés et sénateurs de la région ont bataillé de longue date avec le législateur national pour, d'une part, élargir le domaine d'intervention du régime, notamment à l'assurance en entreprise et au dispositif « 100 % santé » et, d'autre part, élargir leur zone géographique de compétence à toute la région Grand-Est dans le cadre d'une expérimentation. Sur ces deux fronts, ces responsables engagés, tous convaincus des bienfaits de leur régime obligatoire, ont essuyé des refus, parfois sous des prétextes surprenants puisqu'*in fine* il s'agissait d'améliorer le niveau de couverture des habitants de la région. Se pose donc tout naturellement la question de la possibilité d'étendre à tout le pays le bénéfice du Régime local. Question que je suis allé poser directement aux intéressés : le président du conseil d'administration du Régime, Patrick Heidmann, et la directrice générale adjointe, Anne-Céline Freiss. Pour eux, il ne tient qu'au bon vouloir du législateur et du gouvernement d'élargir et généraliser le régime. Explications.

« Généraliser notre régime à toute la France, c'est parfaitement possible. »

Patrick Heidmann et Anne-Céline Freiss, président et directrice générale adjointe du Régime local d'Alsace-Moselle.

Patrick Heidmann, vous êtes président du conseil d'administration du Régime local. Vous êtes présent depuis vingt ans dans de nombreuses instances, connaisseur reconnu de la protection sociale. Que vous inspire notre système d'assurance santé ?

Patrick Heidmann : On assiste à une financiarisation du système. Les complémentaires santé sont confrontées à des difficultés importantes, notamment depuis la réforme de l'assurance santé en entreprise. Elles doivent dépenser beaucoup en frais d'acquisition, publicité, commission d'intermédiaires pour garder leur part de marché. Et maintenant, les sur-complémentaires. On est passé au stade de l'industrialisation. Les assurés vont avoir de plus en plus de mal à payer les cotisations.

Quelle est la différence majeure entre le Régime local et les autres complémentaires santé ?

Patrick Heidmann : Au Régime local, on n'a pas de frais de conquête du marché, de frais d'acquisition, on a juste des frais d'encaissement et de prélèvement des cotisations et de versement des prestations. Au final, 99 % des cotisations reviennent aux assurés, nous n'avons que 1,05 % de frais de gestion, et nous n'avons pas modifié le taux de cotisation depuis 2012. Contrairement aux autres complémentaires, les années difficiles, nous préférons piocher dans nos réserves que d'augmenter les cotisations, ce qu'on appelle le « déficit piloté », et nous reconstituons les réserves quand la situation s'améliore. Notre régime contribue au maintien de la solidarité entre les catégories de population et entre les générations en faisant payer le même taux de cotisation à tout le monde tout au long de la vie. Les ayants droit sont pris en charge gratuitement. La gouvernance du régime est assurée par des représentants des assurés. Ce sont les assurés qui décident ! Et ça marche très bien. Enfin, le président que je suis est totalement bénévole.

Un régime complémentaire facile à généraliser

Anne-Céline Freiss : Nos remboursements interviennent en complément des prises en charge de l'assurance maladie de base. Le reste à charge de nos assurés est de 7 %. Nous ne remboursons pas les dépassements d'honoraires et nous prenons faiblement en charge, c'est vrai, les lunettes, le dentaire...

Le taux de cotisation – 1,5 % – est inchangé depuis 2012. Comment cela est-il possible quand les autres complémentaires santé ont augmenté leurs tarifs de moitié en dix ans ?

Anne-Céline Freiss : On gère le mieux possible. En 2020, nous avons dégagé un excédent de 40,7 millions d'euros pour un chiffre d'affaires de 505 millions d'euros et 2,1 millions d'assurés. Tout cela, c'est de l'argent public. On ne fait pas ce qu'on veut avec, nous devons d'ailleurs rendre compte à la Mission nationale de contrôle, et nous avons un commissaire aux comptes.

Pourquoi le Régime local est-il absent du marché des contrats d'entreprises ?

Anne-Céline Freiss : On ne souhaitait pas devenir complémentaire d'entreprise, mais simplement pouvoir relever nos remboursements pour nous aligner sur ceux prévus dans la réforme des contrats responsables d'entreprise, et plus tard sur les paniers de la réforme du « reste à charge zéro ». Cela nous a été refusé[1], car cela passait pour un avantage supplémentaire accordé à notre régime, mais cet avantage nouveau n'était pas gratuit, il était compensé par une hausse de cotisation. Et il y a eu beaucoup de lobbying des complémentaires du secteur concurrentiel pour s'y opposer.

Élargir le Régime local à tout le territoire est-il possible et si oui, avec quel impact ?

Anne-Céline Freiss : L'idéal serait que le Régime général relève son taux de couverture au niveau de celui du Régime local, pour ne pas créer une strate supplémentaire. D'ailleurs, le Régime local, à l'origine, avait vocation à être provisoire, dans l'attente de l'élévation du niveau de prise en charge du régime général… Le montant moyen de cotisation au Régime local est de 220 euros par an et par cotisant, en prenant en compte les bénéficiaires exonérés. Les conséquences financières d'un alignement des remboursements sur les contrats responsables auraient nécessité de faire passer la cotisation des salariés de 1,5 % à 1,72 % et l'instauration d'une cotisation

---

1. Aujourd'hui, les salariés du secteur privé, bénéficiaires du régime d'Alsace-Moselle, sont donc contraints de souscrire, via leur employeur, une « sur-complémentaire » pour bénéficier du niveau de prise en charge prévu dans les contrats d'entreprise et les paniers « 100 % santé » à reste à charge zéro.

employeur de 0,7 %. Au total, le taux passait de 1,5 % à 2,42 %.

Patrick Heidmann : Appliqué par exemple au salaire moyen brut en Alsace, qui est de 2 520 euros, nettement plus élevé que la moyenne nationale, cela représentait au total 60,50 euros par mois de cotisation. Mais il y avait aussi une grande simplification pour les employeurs, qui n'avaient qu'un interlocuteur, l'Assurance maladie, rien à gérer car cela ne nécessitait pas de démarche nouvelle, et la garantie d'un coût plus stable. Quand j'en parle dans les sphères parisiennes ou ailleurs, la réaction est toujours la même : qu'est-ce qu'on attend pour le faire ? Tout était prêt. Mais il y a eu en arrière-plan un puissant lobbying des autres complémentaires... Généraliser le Régime local à toute la France, c'est parfaitement possible.

34

Une réorganisation concevable et préférentielle

Peu connu, le régime spécial d'Alsace-Moselle est-il fiable, réellement efficient et digne d'intérêt ? Associer de façon quasi invisible l'assurance de base obligatoire avec un unique organisme d'assurance maladie complémentaire obligatoire a-t-il du sens ? Que cet organisme soit géré par les partenaires sociaux peut-il être un gage d'intérêt pour les assurés ? Je pourrais répondre tout simplement « oui », au vu de l'intérêt manifesté chaque jour par les bénéficiaires de ce régime, ses bons chiffres clés et son bon niveau de prise en charge, proche de 100 % du tarif opposable.

Mais j'ai préféré solliciter l'avis d'une personnalité à la fois digne de confiance, experte reconnue des questions d'assurance santé, et suffisamment indépendante pour ne pas hésiter à critiquer éventuellement cette idée. Je me suis donc tourné vers l'homme qui, durant plus de dix ans, a dirigé la 6e chambre de la Cour des comptes, celle qui est chargée d'ausculter les finances et les pratiques du secteur de la santé, notamment de l'Assurance santé et dont les tacles et recommandations sont à chaque fois redoutés : Antoine Durrleman. Son indépendance est d'autant plus inattaquable qu'il a quitté depuis 2021 l'institution de la rue Cambon et se trouve aujourd'hui libre de tout engagement. Ancien directeur de l'ENA, ancien directeur général de l'Assistance publique-Hôpitaux de Paris, Antoine Durrleman a répondu positivement et sans hésiter à ma demande d'avis, passionné qu'il reste de ces sujets où tant reste à faire. Que pense donc cet ex-« sage » éclairé d'un dispositif associant l'assurance maladie de base et le Régime d'Alsace-Moselle de complémentaire santé obligatoire ?

Antoine Durrleman : « Le système d'assurance complémentaire est devenu obligatoire pour toutes les catégories de population salariée, mais cette obligation n'existe pas pour les travailleurs indépendants, les inactifs, les retraités… Il me semble nécessaire d'aller au bout de la logique du dispositif mis en place.

Mais la concurrence actuelle entre complémentaires n'a aucune forme de régulation alors que les montants des cotisations s'apparentent de plus en plus à des prélèvements obligatoires et que leur dynamique est extrêmement rapide. Ceci suppose une régulation des coûts.

L'idée d'instaurer un système d'assurance à deux étages, entre l'Assurance maladie et le Régime local d'Alsace-Moselle, a un précédent, plutôt positif, c'est la couverture en matière de retraite, avec des régimes de base obligatoires et des régimes complémentaires qui sont eux aussi obligatoires. C'est un dispositif qui a fait la preuve de son efficacité, y compris en termes de pilotage par les partenaires sociaux au sein des régimes Agirc-Arrco.

Ce système à deux étages est tout à fait concevable et même sans doute une option préférentielle. Avec une assurance maladie obligatoire qui couvre évidemment convenablement les risques. Il faut qu'elle puisse garantir des paniers forcément bien remboursés, comme ceux du 100 % santé, à étendre à d'autres secteurs. Et il faut avoir un pilotage collectif du dispositif.

L'évolution actuelle du système se traduit par de nombreux progrès mais en désordre, et ces progrès en mosaïque ne font pas un système. La question est de savoir quel avenir on dessine. Si on ne dessine pas un système cohérent, on va ajouter de la complexité à la complexité et de l'illisibilité à l'illisibilité. Au bout du compte, on va priver l'Assurance maladie obligatoire et les complémentaires santé de légitimité, les gens se demandant de plus en plus ce qu'ils paient et pourquoi ils paient.

Le risque, si on continue comme aujourd'hui, c'est d'aller vers un système de moins en moins solidaire. C'est déjà le cas, mais il est encore possible de restaurer une solidarité entre les différentes catégories de population et entre les différentes générations. Faute de quoi on va se retrouver avec les bons risques d'un côté, que tout le monde se disputera, et les mauvais risques que personne ne voudra assurer. »

35

Quid des salariés des mutuelles ?

Il n'est pas question dans mon propos de supprimer les complémentaires santé que nous connaissons bien et qui font un travail indéniable, mais il s'agit de restreindre leur champ d'intervention pour les circonscrire aux soins non-essentiels. Ainsi pourraient-elles pleinement assurer une mission de sur-complémentaire facultative sans risquer d'exclure les plus modestes de l'accès aux soins indispensables qui seraient, eux, pris en charge par l'AMI.

« Pour les assurances complémentaires, analysait la Cour des comptes en 2016, le décroisement de financements (Ndlr : plus d'interrelations avec l'Assurance maladie obligatoire) leur permettrait d'exercer des responsabilités au premier euro sur des champs d'intervention clarifiés, et leur donnerait les moyens de développer une véritable gestion des risques. »

Ainsi un large champ d'interventions s'ouvrira aux complémentaires, avec pleine maîtrise des risques, sur les prestations exclues de l'Assurance maladie intégrale (AMI) : par exemple les dépassements d'honoraires supérieurs aux plafonds des contrats responsables, les frais hospitaliers de confort (chambre individuelle, TV...), les médecines douces, l'ostéopathie, l'homéopathie, les consultations de psychologues (s'ils ne sont pas pris en charge d'ici là par l'Assurance maladie), certains dispositifs médicaux, les médicaments non remboursables ou peu remboursés, les vaccins... Sans oublier la prévention : le conseil, le financement d'activités spécifiques, la pédagogie, le dépistage... Surtout, il y a l'énorme chantier de la couverture de la dépendance et de la perte d'autonomie. Selon l'édition 2018 de l'*Observatoire des impacts financiers du vieillissement de la population*, publié par la Mutualité française, la prise en charge de la perte d'autonomie coûte aujourd'hui 30 milliards d'euros dont 6,3 restent à la charge des ménages. Avec la courbe démographique des trente prochaines années, cette charge ne va qu'augmenter et peut faire des complémentaires santé des acteurs de premier plan du financement de la dépendance. Un vrai gros chantier social et de solidarité.

Mais les mutuelles ont aussi vocation à poursuivre leur activité de soins dans les nombreux centres de santé qu'elles ont mis en place au fil du temps et grâce auxquels elles ont acquis un savoir-faire.

De quoi préserver une bonne partie des personnels encore employés par les complémentaires après la réforme. Et alors qu'il reste encore quelques années de poussée démographique favorable, une autre partie non négligeable des effectifs pourra prochainement quitter massivement l'entreprise en faisant valoir ses droits à la retraite.

Enfin, il ne faut pas oublier le discret tsunami social qui s'est abattu sur les mutuelles et institutions de prévoyance dont le nombre a été divisé par cinq en vingt ans. Qui est descendu dans la rue pour dénoncer les milliers d'emplois volatilisés ou délocalisés au fil des disparitions de mutuelles ? Qui peut croire que cette spirale va cesser alors que 20 à 30 organismes continuent de disparaître encore chaque année ?

Au bout du compte, si on y réfléchit bien, la réforme créant une AMI est non seulement opportune et pertinente, mais elle est aussi indolore socialement.

BONUS

DIX CONSEILS EN ATTENDANT LE GRAND SOIR

Captifs et résignés, les Français sont peu mobiles en matière d'assurance santé. Pourtant, trouver un meilleur contrat c'est possible. Voici dix conseils pour réduire sa facture sans sacrifier sa couverture. En attendant mieux.

- **Remettez régulièrement en cause votre contrat.** Parce que nos situations personnelles et familiales changent, nos besoins en soins évoluent, il est impératif de veiller régulièrement à adapter son contrat d'assurance. Pour cela, il faut se poser les bonnes questions : mon foyer a-t-il besoin de lunettes, de soins dentaires ? Des frais d'hospitalisation, notamment pour maternité se profilent-ils ? Listez vos priorités et vérifier votre contrat. Et…

- **N'hésitez plus à changer.** Depuis la réforme de décembre 2020, il est possible de résilier son contrat santé à tout moment, sans frais ni justification, dès lors qu'il a plus d'un an. Au-delà, vous êtes libre de partir à tout moment. Une lettre recommandée doit suffire pour qu'au bout d'un mois et un jour après son envoi, la résiliation soit effective.

- **Faites jouer la concurrence, comparez.** Il faut apprendre à pousser la porte des autres crémeries pour voir si les produits y sont meilleurs et meilleur marché. Pour cela, nous disposons d'outils efficaces et utiles, mais à utiliser avec prudence : les comparateurs en ligne. Avec discernement car beaucoup sont financés directement ou « au clic » par des complémentaires en mal d'exposition, d'autres sont limités dans leurs comparaisons. La prudence recommande de solliciter au moins trois comparateurs et de s'intéresser à l'indépendance de chacun. Il en existe pléthore : *lelynx*, *assurland*, *santiane*, *lesfurets*, *reassurez-moi*, *mutuelle.fr*, *moncomparateur-financier*… Il y a aussi des courtiers nouvelle génération, digitaux, engagés, qui travaillent avec plusieurs organismes et peuvent proposer plusieurs devis adaptés à votre situation. C'est le cas de la mutuelle Kovers, première mutuelle labellisée « santé éthique » par le bureau de contrôle Véritas et gagnante d'un

appel d'offres pour un achat groupé initié par l'association Familles de France. Sans oublier les comparateurs des associations de consommateurs, comme celui de l'UFC-Que Choisir, qui généralement n'ont pas d'intérêts cachés. Surtout, une fois les devis reçus, regardez et comparez les « taux de redistribution » de la complémentaire, leur publication est désormais obligatoire, et c'est un indicateur incontournable de la générosité de la mutuelle.
Enfin, lisez les avis d'assurés. Ils en disent souvent long sur la réalité de la qualité de service…

- **Quelques points du devis à surveiller**. Attention, certains acteurs imposent des délais de carence avant le premier remboursement, histoire de s'assurer que vous n'arrivez pas avec une valise de consultations et de soins à réaliser vite. Une sélectivité qui est rarement de bon augure. Autre point à surveiller si votre trésorerie est serrée : les délais de paiement. Certaines complémentaires remboursent sous 48 heures. Intéressez-vous au service de tiers payant, qui évite l'avance de frais. Vérifiez et comparez si possible les remboursements en euros, ou sous forme de forfaits plutôt qu'en pourcentages, qui sont trompeurs.

- **Prenez en compte les offres 100 % santé.** Construites pour répondre au mieux à la plupart des besoins des consommateurs, les paniers de soins labellisés « 100 % santé », applicables à 100 % depuis janvier 2021, permettent d'acheter des lunettes de vue, des audioprothèses et de bénéficier de soins dentaires sans qu'il en coûte un euro à l'assuré. Ces paniers qualitatifs sont pris en charge dans tous les contrats dits « solidaires et responsables » (95 % du marché). Gardez à l'esprit que les soins lourds sont pris en charge à 90 voire 100 % par l'Assurance maladie. Donc ne vous sur-assurez pas.

- **Pensez aux nouveaux acteurs.** De nouvelles alternatives aux acteurs classiques sont apparues ces dernières années. Par exemple les « mutuelles de village », mises en place sur appel d'offres par des mairies ou des associations locales avec l'objectif d'obtenir de meilleures garanties à un meilleur prix en mettant en avant le nombre potentiel d'adhérents au contrat. On en compte plus de 2 600 en France. Autre alternative, les « achats groupés » se soldent par des baisses de prix de 20 à 30 % avec garanties planchers.

- **Contrats d'entreprise et dérogations**. Adhérer à la complémentaire santé de son entreprise est obligatoire par défaut, même si elle ne vous convient pas. Il existe toutefois des cas de dérogation temporaire ou définitive prévus par la loi qui vous permettent de choisir une autre complémentaire santé :

- En tant qu'époux(se) ou pacsé(e), vous êtes déjà ayant droit sur le contrat collectif de votre conjoint(e)
- Vous avez déjà un contrat individuel de mutuelle à votre entrée dans l'entreprise (dérogation jusqu'à échéance de ce contrat)
- Vous êtes déjà assuré ailleurs quand l'entreprise met en place le contrat
- Vous bénéficiez de la Complémentaire santé solidaire
- Vous êtes salarié à temps très partiel
- Vous êtes en CDD ou en contrat de mission (jusqu'à un an)
- Vous êtes apprenti

- **Conjoints et collègues salariés : un seul contrat.** Vous et votre conjoint êtes salariés de la même entreprise et disposez de deux contrats de santé distincts ? Cela n'est pas normal. La loi ne permet pas la « double affiliation » d'un foyer. Vous pouvez donc demander que l'un des conjoints devienne « ayant droit » de l'autre, ça coûte moins cher !

- **Nouveaux retraités ? Vous avez des droits !** Si la mutuelle de l'entreprise que vous quittez vous intéresse, vous pouvez en rester bénéficiaire. La loi Évin de décembre 1989 protège en effet les nouveaux retraités qui peuvent donc continuer d'adhérer au contrat, avec les mêmes conditions de couverture, sans hausse de cotisation la première année (mais sans la participation de l'entreprise). La deuxième année, la mutuelle peut augmenter la cotisation sans excéder 25 % puis 50 % pour la troisième année. Au-delà, les tarifs redeviennent libres. Vérifiez cependant que le contrat d'entreprise couvre vos besoins actuels et futurs. Vous n'avez plus de raison de payer pour une prise en charge en cas de maternité, par exemple. En revanche, vous aurez peut-être besoin de consulter des spécialistes à dépassements d'honoraires… Certaines mutuelles se disent spécialisées dans les « seniors ». À regarder, mais avec prudence et en comparant toujours, évidemment.

- **Pensez à la Complémentaire santé solidaire (CSS ou C2S).** Selon le ministère de la Santé, 11 millions de Français sont éligibles à la complémentaire santé solidaire dont le coût pour l'assuré oscille entre gratuité et, maximum, 30 euros par mois, selon la situation et l'âge. Pour en bénéficier – ainsi que l'ensemble du foyer –, il faut respecter des plafonds de ressources (voir page suivante) et s'adresser à sa Caisse primaire d'assurance maladie ou à une mutuelle, qui se chargera des démarches.

PLAFONDS DE RESSOURCES POUR BÉNÉFICIER DE LA COMPLÉMENTAIRE SANTÉ SOLIDAIRE (EX-CMU-C ET -ACS)

Nombre de personnes vivant dans le foyer	Plafond* pour un **bénéfice sans contribution**	Plafond* pour un **bénéfice avec contribution** **
1 personne	9 041 €	12 205 €
2 personnes	13 561 €	18 307 €
3 personnes	16 273 €	21 969 €
4 personnes	18 985 €	25 630 €
Par personnes supplémentaires	3 616,24 €	4 881,92 €

(Source : Ameli)

* Plafond (en métropole), au 1er avril 2021, de l'ensemble de toutes les ressources du foyer (salaires, retraite, pensions alimentaires, allocations, aides, gains aux jeux...). Simulation possible sur le site ameli.fr.

** Quand elle est demandée, la contribution mensuelle est de 8 euros pour les moins de 30 ans, 14 euros de 30 à 49 ans, 21 euros de 50 à 59 ans, 25 euros de 60 à 69 ans et 30 euros au-delà de 69 ans.

TABLE

DU MÊME AUTEUR

AUX ÉDITIONS ALBIN MICHEL

La Fin de notre système de santé ?, avec Jean-Paul Hamon, 2015

Qui veut la peau de nos généralistes ?, avec Jean-Paul Hamon, 2020

Composition : Nord Compo
Impression : CPI Bussière en septembre 2021
Éditions Albin Michel
22, rue Huyghens, 75014 Paris
www.albin-michel.fr

ISBN : 978-2-226-46636-5
N° d'édition : 24637/01. N° d'impression : 2059857
Dépôt légal : octobre 2021
Imprimé en France